Magret Pinter

D1725381

Die deutsche Grammatik

Grundbausteine für differenzierten Deutschunterricht

Band 1

Kopiervorlagen mit Lösungen

BRIGG Pädagogik

Symbole:		
⬤	Verb, Tunwort, Zeitwort/Prädikat
▲	Nomen, Namenwort
▲	Subjekt, Satzgegenstand
▲	Adjektiv, Wiewort, Eigenschaftswort
*	(Lösungsblatt) mehrere Lösungsmöglichkeiten

2. Auflage 2008
© by Brigg Pädagogik Verlag GmbH, Augsburg
Alle Rechte vorbehalten

Originalausgabe © GS-Multimedia, Verlag Dr. Michael Lemberger,
A-1170 Wien www.gs-multimedia.at

Satz und Layout: Magret Pinter
Grafiken: Magret Pinter unter Verwendung von CorelDraw
Einband: Gernot Lauboeck, DA, Wien

Das Werk und seine Teile sind urheberrechtlich geschützt.
Jede Nutzung in anderen als den gesetzlich zugelassenen Fällen bedarf der vorherigen schriftlichen
Einwilligung des Verlages. Hinweis zu § 52a UrhG: Weder das Werk noch seine Teile dürfen ohne
eine solche Einwilligung eingescannt und in ein Netzwerk eingestellt werden. Dies gilt auch für
Intranets von Schulen und sonstigen Bildungseinrichtungen.

ISBN 978-3-87101-267-9   www.brigg-paedagogik.de

Pronomen / Fürwort   159   5

Verb ⬤ Tunwort/Zeitwort

turnen ✓ laufen ✓ malen ✓ gehen ✓ sitzen ✓ spielen ✓ trinken ✓ fahren ✓

1 Was machen die Kinder?

Maria malt.	

Verb ● Tunwort/Zeitwort

1

turnen ✓ laufen ✓ malen ✓ gehen ✓ sitzen ✓ spielen ✓ trinken ✓ fahren ✓

1 Was machen die Kinder?

Maria malt.	Karl geht.
Anna turnt.	Gabi sitzt.
Hans spielt.	Peter läuft.
Tom trinkt.	Martin fährt.

© Brigg Pädagogik Verlag, Augsburg

2 Kreise die Verben (Tunwörter) rot ein und schreibe die Sätze mit anderen Namen!

Kinder spielen **gerne im Freien.**

Lisa	läuft	im Wald.
Susi	fährt	mit dem Rad.
Werner	malt	an der Wand.
Paul	klettert	auf Bäume.
Anna	wirft	Bälle.
Klaus	springt	auf der Wiese.
Doris	spielt	im Garten.

3 Was machst du gerne?

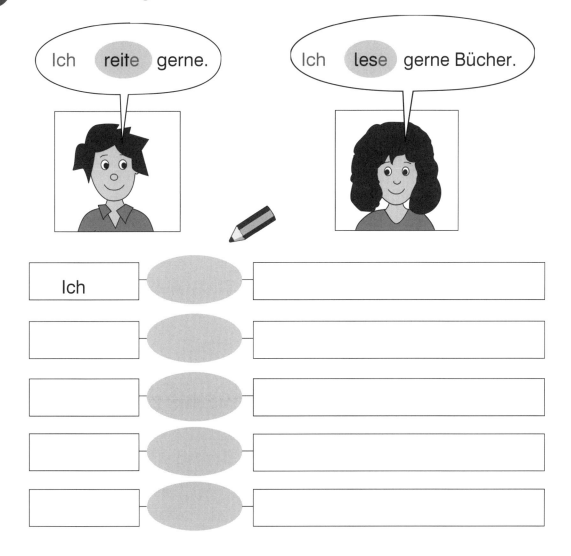

Ich reite gerne.

Ich lese gerne Bücher.

Ich

1 **2** Kreise die Verben (Tunwörter) rot ein und schreibe die Sätze mit anderen Namen!

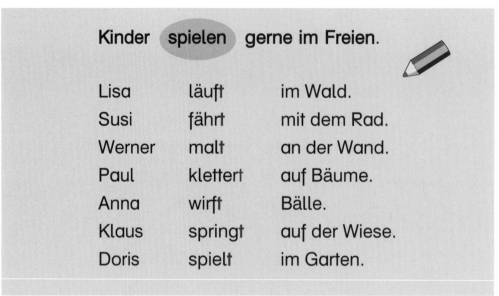

Kinder **spielen** gerne im Freien.

Lisa	läuft	im Wald.
Susi	fährt	mit dem Rad.
Werner	malt	an der Wand.
Paul	klettert	auf Bäume.
Anna	wirft	Bälle.
Klaus	springt	auf der Wiese.
Doris	spielt	im Garten.

3 Was machst du gerne? *

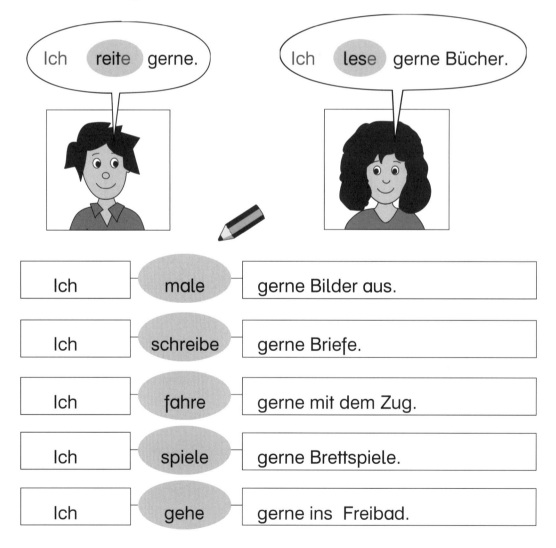

Ich **reite** gerne.

Ich **lese** gerne Bücher.

Ich	**male**	gerne Bilder aus.
Ich	**schreibe**	gerne Briefe.
Ich	**fahre**	gerne mit dem Zug.
Ich	**spiele**	gerne Brettspiele.
Ich	**gehe**	gerne ins Freibad.

        © Brigg Pädagogik Verlag, Augsburg

4 Schreibe Verben (Tunwörter) auf, die du kennst!

Tunwörter

zeichnen

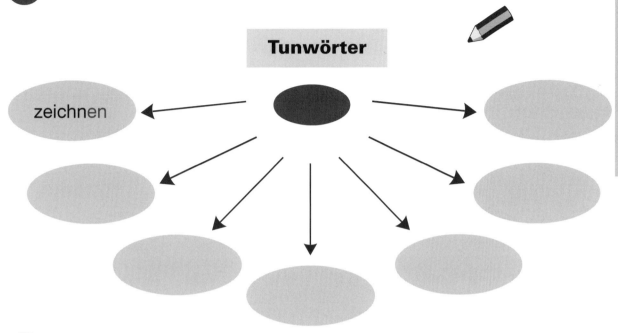

5 Kannst du richtig ergänzen?

Was macht?

Anna	springt	vom Stuhl.
Der Hase		Salat.
Die Kuh		auf der Wiese.
Oma		einen Korb.
Karl		in der Badewanne.
Die Katze		eine Maus.

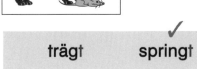

✓

trägt   springt   sitzt   fängt   frisst   steht

1

4 Schreibe Verben (Tunwörter) auf, die du kennst! ∗

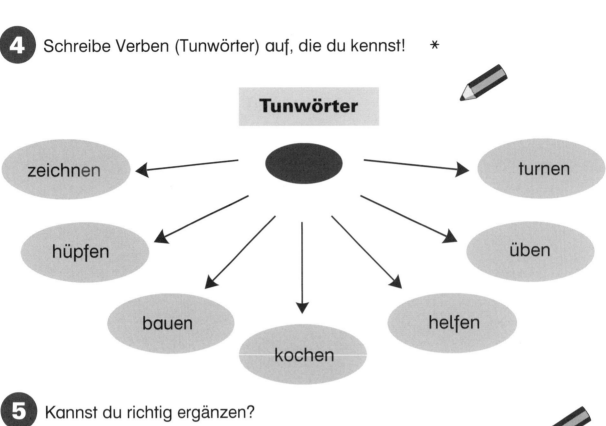

Tunwörter

zeichnen

turnen

hüpfen

üben

bauen

helfen

kochen

5 Kannst du richtig ergänzen?

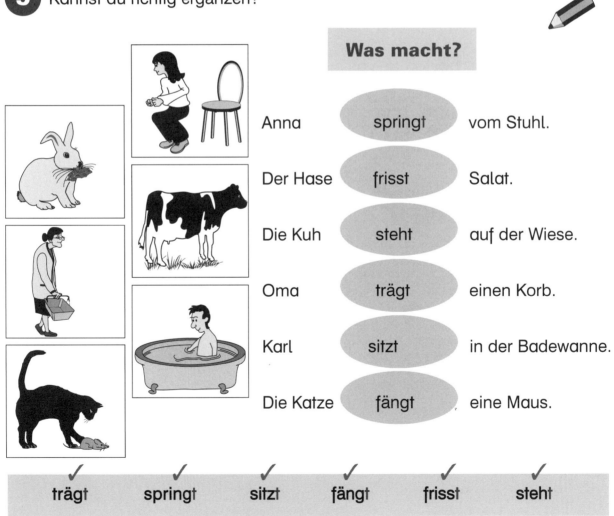

Was macht?

Anna   springt   vom Stuhl.

Der Hase   frisst   Salat.

Die Kuh   steht   auf der Wiese.

Oma   trägt   einen Korb.

Karl   sitzt   in der Badewanne.

Die Katze   fängt   eine Maus.

✓ trägt   ✓ springt   ✓ sitzt   ✓ fängt   ✓ frisst   ✓ steht

© Brigg Pädagogik Verlag, Augsburg

Merke!

Verben heißen auch Tunwörter/Zeitwörter.
Verben schreibt man **klein**.

Verben haben eine Grundform:
        (= Infinitiv)

Verben verändern ihre Endung.

↓ **malen**

„Nenn**form**"

ich   **male**
du   **mals**t
Lisa **mal**t

---

6 Bilde mit diesen Verben (Tunwörtern) Sätze!

malen	Andrea malt einen Mond.
kaufen	
schreiben	
kochen	
trinken	
schlafen	

---

7 Ergänze diese Sätze mit dem Verb (Tunwort) reiten !

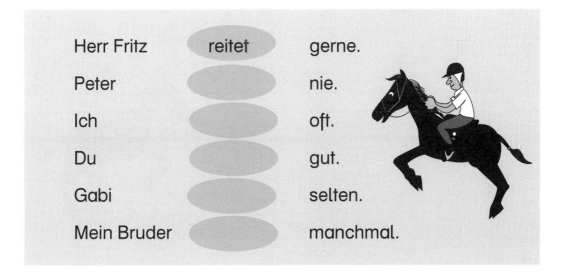

Herr Fritz   reitet   gerne.

Peter   nie.

Ich   oft.

Du   gut.

Gabi   selten.

Mein Bruder   manchmal.

Merke!

Verben heißen auch Tunwörter/Zeitwörter.

Verben schreibt man **klein.**

Verben haben eine Grundform:
(= Infinitiv)

Verben verändern ihre Endung.

↓ **malen**

„Nenn**form**"

ich **male**
du **malst**
Lisa **malt**

6 Bilde mit diesen Verben (Tunwörtern) Sätze!*

malen	Andrea malt einen Mond.
kaufen	Tom kauft vier Bananen.
schreiben	Ich schreibe dir morgen.
kochen	Mutter kocht gerade.
trinken	Tina trinkt gerne Cola.
schlafen	Mein Bruder schläft noch.

7 Ergänze diese Sätze mit dem Verb (Tunwort) reiten !

Herr Fritz	reitet	gerne.
Peter	reitet	nie.
Ich	reite	oft.
Du	reitest	gut.
Gabi	reitet	selten.
Mein Bruder	reitet	manchmal.

© Brigg Pädagogik Verlag, Augsburg

8 Schreibe diese Sätze in der **Ich**-Form!

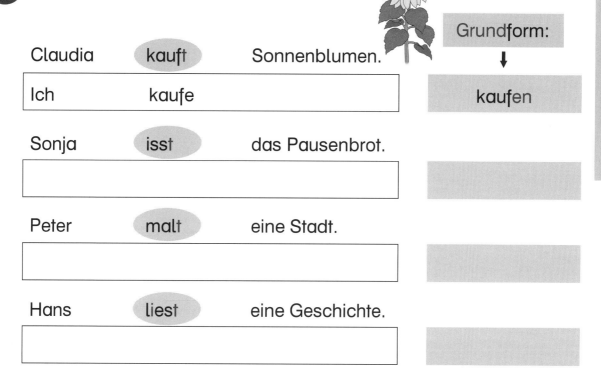

Claudia **kauft** Sonnenblumen.

Grundform:
↓

Ich	kaufe	

kaufen

Sonja **isst** das Pausenbrot.

Peter **malt** eine Stadt.

Hans **liest** eine Geschichte.

9 Suche die Verben (Tunwörter) und streiche die Fehler an!
Schreibe die Sätze richtig ins Heft!

Peter spiele im Garten.

Er sitzt auf einer Rutsche.

Sein Hund Waldi schauen zu.

Peter rutschen schnell hinunter.

Waldi sitze auf der Wiese.

Er bellt laut.

10 Schreibe die Verben (Tunwörter) aus Übung 9 in der Grundform auf!

spielen

1

8 Schreibe diese Sätze in der **Ich**-Form!

Grundform:

Claudia	kauft	Sonnenblumen.	
Ich	kaufe	Sonnenblumen.	kaufen

Sonja	isst	das Pausenbrot.	
Ich	esse	das Pausenbrot.	essen

Peter	malt	eine Stadt.	
Ich	male	eine Stadt.	malen

Hans	liest	eine Geschichte.	
Ich	lese	eine Geschichte.	lesen

9 Suche die Verben (Tunwörter) und streiche die Fehler an!
Schreibe die Sätze richtig ins Heft!

Peter spiele im Garten.

Er sitzt auf einer Rutsche.

Sein Hund Waldi schauen zu.

Peter rutschen schnell hinunter.

Waldi sitze auf der Wiese.

Er bellt laut.

spielt, schaut, rutscht, sitzt

10 Schreibe die Verben (Tunwörter) aus Übung 9 in der Grundform auf!

spielen   sitzen   schauen   rutschen   bellen

© Brigg Pädagogik Verlag, Augsburg

Merke!

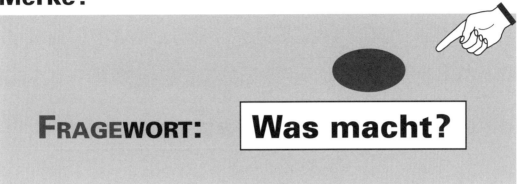

FRAGEWORT: **Was macht?**

11 Suche die passenden Verben (Tunwörter) und beantworte die Fragen!

Was macht das Pferd?

laufen

| Das Pferd läuft. |

Was macht der Hund?

| Der |

Was macht die Katze?

| |

Was macht das Reh?

| |

Was macht das Schwein?

| |

| stehen | laufen | liegen | schlafen | sitzen |

© Brigg Pädagogik Verlag, Augsburg

Merke!

FRAGEWORT: | **Was macht?**

11 Suche die passenden Verben (Tunwörter) und beantworte die Fragen!

Was macht das Pferd?

laufen

Das Pferd läuft.

Was macht der Hund?

sitzen

Der Hund sitzt.

Was macht die Katze?

schlafen

Die Katze schläft.

Was macht das Reh?

liegen

Das Reh liegt.

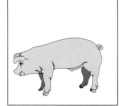

Was macht das Schwein?

stehen

Das Schwein steht.

stehen ✓   laufen ✓   liegen ✓   schlafen ✓   sitzen ✓

   © Brigg Pädagogik Verlag, Augsburg

12 Findest du in diesem Text die Verben (Tunwörter)?

Die Kinder sind im Garten

Hans gießt die Blumen.

Tom fährt mit dem Rad.

Karin klettert auf den Baum.

Daniel läuft ums Haus.

Nina spielt mit der Katze.

13 Was machen die Kinder? Dein Nachbar soll die Fragen beantworten!

Frage:	Antwort:
	Name: ....
Was macht Daniel?	Er

14 Was machst du gerne im Garten?

Ich

1

12 Findest du in diesem Text die Verben (Tunwörter)?

Die Kinder sind im Garten

Hans (gießt) die Blumen.

Tom (fährt) mit dem Rad.

Karin (klettert) auf den Baum.

Daniel (läuft) ums Haus.

Nina (spielt) mit der Katze.

13 Was machen die Kinder? Dein Nachbar soll die Fragen beantworten!

Frage:	Antwort:
	Name: ....
Was macht Daniel?	Er läuft ums Haus.
Was macht Paul?	Er gießt die Blumen.
Was macht Karin?	Sie klettert auf den Baum.
Was macht Tom?	Er fährt mit dem Rad.
Was macht Nina?	Sie spielt mit der Katze.

14 Was machst du gerne im Garten? *

Ich spiele gerne im Sandkasten.
Ich pflücke gerne Blumen.
Ich ernte gerne das Gemüse.
Ich spritze gerne mit dem Gartenschlauch.

    © Brigg Pädagogik Verlag, Augsburg

15 Übe!

	laufen	spielen	malen	gehen	lachen
ich	laufe	spiele	male		
du	läufst	spielst			
Tom	läuft				

16 Kannst du die richtigen Endungen ergänzen?

Ein Mann	geht	spazieren.
Oma	trink ...	Kaffee.
Ich	geh ...	einkaufen.
Daniel	turn ...	gerne.
Du	schreib ...	schnell.
Die Katze	sitz ...	im Bett.
Ich	fahr ...	nach Hause.
Das Baby	schläf ...	im Wagen.

17 Ergänze die Verben (Tunwörter)!

	schreiben	laufen	trinken	schlafen	fahren
Anna		läuft			
du	schreibst				
Peter					
ich					

1

15 Übe!

	laufen	spielen	malen	gehen	lachen
ich	laufe	spiele	male	gehe	lache
du	läufst	spielst	malst	gehst	lachst
Tom	läuft	spielt	malt	geht	lacht

16 Kannst du die richtigen Endungen ergänzen?

Ein Mann   geht   spazieren.

Oma   trinkt ...   Kaffee.

Ich   gehe ...   einkaufen.

Daniel   turnt ...   gerne.

Du   schreibst ...   schnell.

Die Katze   sitzt ...   im Bett.

Ich   fahre ...   nach Hause.

Das Baby   schläft ...   im Wagen.

17 Ergänze die Verben (Tunwörter)!

	schreiben	laufen	trinken	schlafen	fahren
Anna	schreibt	läuft	trinkt	schläft	fährt
du	schreibst	läufst	trinkst	schläfst	fährst
Peter	schreibt	läuft	trinkt	schläft	fährt
ich	schreibe	laufe	trinke	schlafe	fahre

    © Brigg Pädagogik Verlag, Augsburg

Merke!

Einzahl		Mehrzahl	
ich	lache	wir	lachen
du	lachst	ihr	lacht
er sie es	lacht	sie	lachen

18 Kannst du die Tabelle richtig ergänzen?

	gehen	lachen	kommen	spielen	malen
er	geht				
wir		lachen			
sie				spielen/ spielt	
ihr					

Merke!

	Einzahl		Mehrzahl
ich	lache	wir	lachen
du	lachst	ihr	lacht
er sie es	lacht	sie	lachen

18 Kannst du die Tabelle richtig ergänzen?

	gehen	lachen	kommen	spielen	malen
er	geht	lacht	kommt	spielt	malt
wir	gehen	lachen	kommen	spielen	malen
sie	gehen/ geht	lachen/ lacht	kommen/ kommt	spielen/ spielt	malen/ malt
ihr	geht	lacht	kommt	spielt	malt

© Brigg Pädagogik Verlag, Augsburg

Merke!

Das Verb (Tunwort) steht im Aussagesatz an **2. Stelle**.

1.	**2.**	**3.**
Daniel	fährt	mit dem Rad.
Mit dem Rad	fährt	Daniel.

19 Teile den Satz in Satzglieder und vertausche sie!

2.

Das Mädchen	malt	eine Gans.

Eine Gans

Hans	kauft	einen neuen Fußball.

Ich	esse	gerne	Spaghetti.

Andrea	besucht	ihre Freundin.

20 Schreibe die Grundform auf!

isst	besuche	schreibst	kauft	fahre

| essen | | | | |

Merke!

Das Verb (Tunwort) steht im Aussagesatz an **2. Stelle**.

1.   **2.**   **3.**

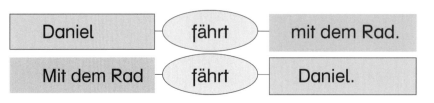

| Daniel | fährt | mit dem Rad. |
| Mit dem Rad | fährt | Daniel. |

19 Teile den Satz in Satzglieder und vertausche sie!

2.

| Das Mädchen | malt | eine Gans. |

| Eine Gans | malt | das Mädchen. |

| Hans | kauft | einen neuen Fußball. |

| Einen neuen Fußball | kauft | Hans. |

| Ich | esse | gerne | Spaghetti. |

| Spaghetti | esse ich | gerne. |

| Andrea | besucht | ihre Freundin. |

| Ihre Freundin | besucht | Andrea. |

20 Schreibe die Grundform auf!

| isst | besuche | schreibst | kauft | fahre |
| essen | besuchen | schreiben | kaufen | fahren |

 © Brigg Pädagogik Verlag, Augsburg

21 Schreibe auf, was Anna am Wochenende macht!

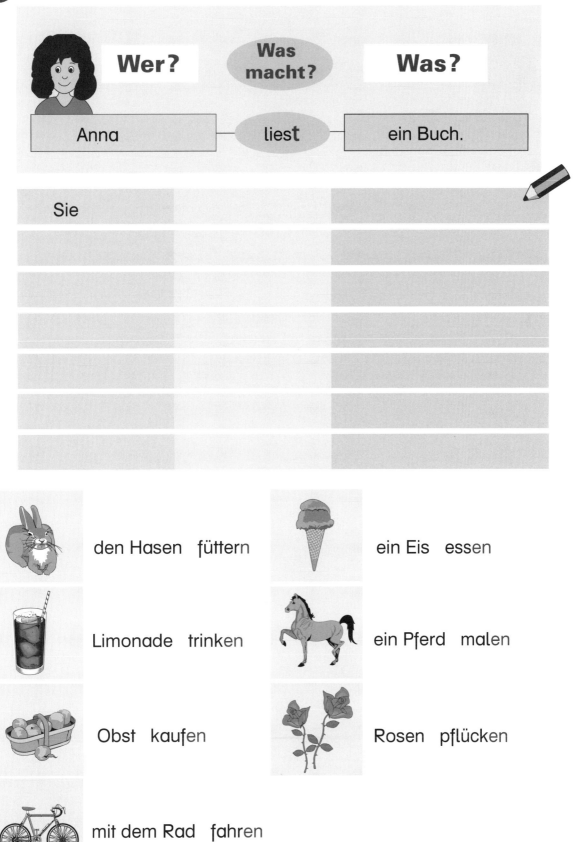

Wer?	Was macht?	Was?
Anna	liest	ein Buch.
Sie		

den Hasen füttern

ein Eis essen

Limonade trinken

ein Pferd malen

Obst kaufen

Rosen pflücken

mit dem Rad fahren

© Brigg Pädagogik Verlag, Augsburg

1

21 Schreibe auf, was Anna am Wochenende macht!

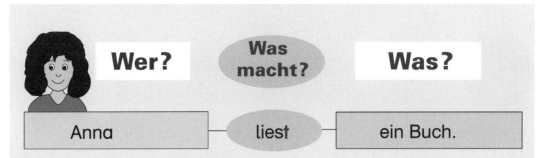

Wer?	Was macht?	Was?
Anna	liest	ein Buch.

Sie	füttert	den Hasen.
Sie	isst	ein Eis.
Sie	trinkt	Limonade.
Sie	malt	ein Pferd.
Sie	kauft	Obst.
Sie	pflückt	Rosen.
Sie	fährt	mit dem Rad.

 den Hasen   füttern   ein Eis   essen

 Limonade   trinken   ein Pferd   malen

 Obst   kaufen    Rosen   pflücken

 mit dem Rad   fahren

   © Brigg Pädagogik Verlag, Augsburg

Merke!

<u>Zusammen</u>gesetzte Verben (Tunwörter)

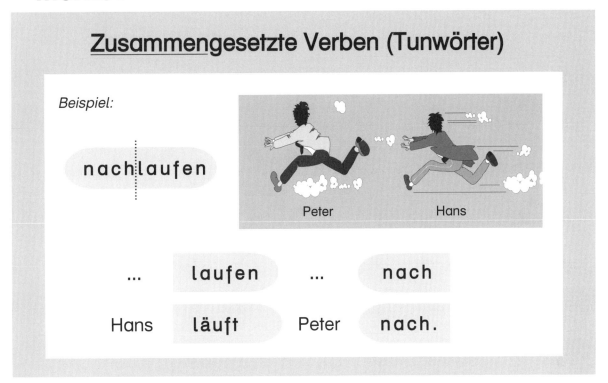

Beispiel:

nach|laufen

Peter   Hans

...   laufen   ...   nach

Hans   läuft   Peter   nach.

---

22 Ergänze diese Sätze und schreibe zu jedem Verb (Tunwort) einen weiteren Beispielsatz auf!

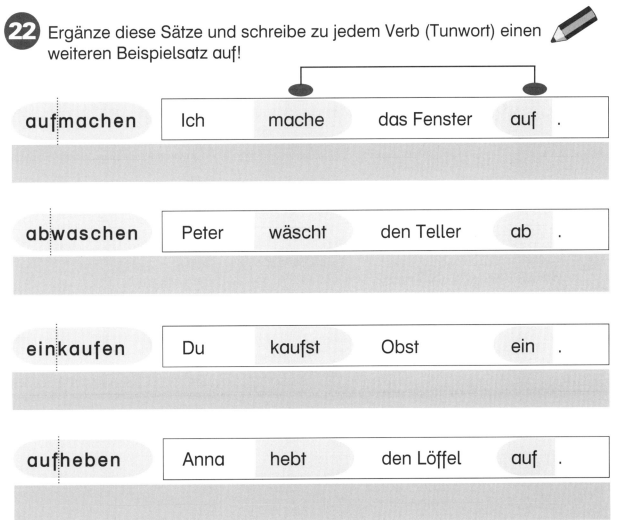

auf|machen   Ich   mache   das Fenster   auf .

ab|waschen   Peter   wäscht   den Teller   ab .

ein|kaufen   Du   kaufst   Obst   ein .

auf|heben   Anna   hebt   den Löffel   auf .

Merke!

Zusammengesetzte Verben (Tunwörter)

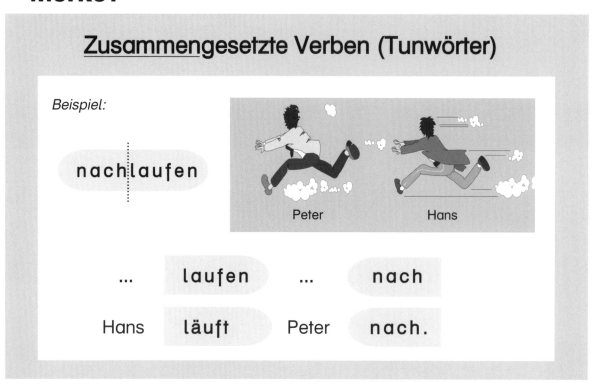

Beispiel:

nach|laufen

Peter   Hans

...   **laufen**   ...   **nach**

Hans   **läuft**   Peter   **nach.**

---

22 Ergänze diese Sätze und schreibe zu jedem Verb (Tunwort) einen weiteren Beispielsatz auf!*

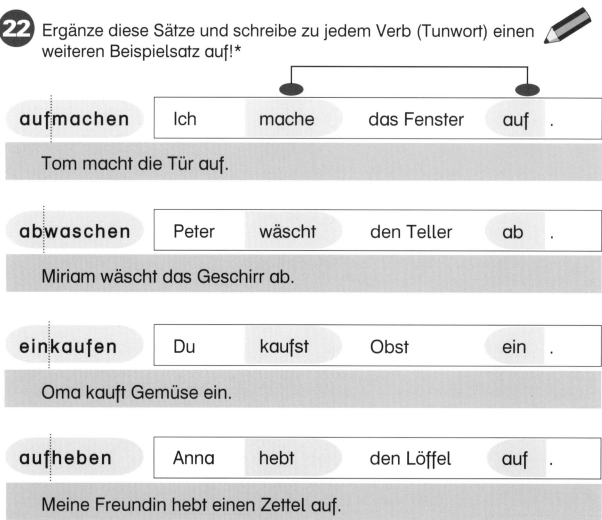

auf|machen | Ich | mache | das Fenster | auf | .

Tom macht die Tür auf.

ab|waschen | Peter | wäscht | den Teller | ab | .

Miriam wäscht das Geschirr ab.

ein|kaufen | Du | kaufst | Obst | ein | .

Oma kauft Gemüse ein.

auf|heben | Anna | hebt | den Löffel | auf | .

Meine Freundin hebt einen Zettel auf.

23 Schreibe mit diesen Wörtern Sätze!

Thomas		Schuhe
Ich		ein Kleid
Eva		eine Jacke
Du	an ziehen	einen Pullover
Meine Mutter		<u>einen Mantel</u>
Wir	aus ziehen	eine Turnhose
Der Mann		eine Hose
Maria		einen Rock

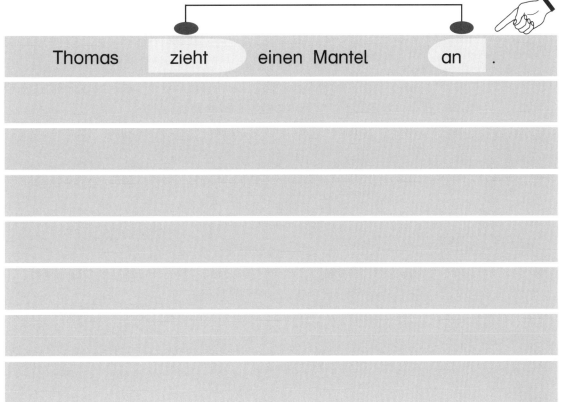

Thomas   zieht   einen Mantel   an   .

24 Trenne diese Verben (Tunwörter) und schreibe Sätze ins Heft!

aufräumen   fernsehen   aufpassen   abholen   fortgehen

1

23 Schreibe mit diesen Wörtern Sätze! *

<u>Thomas</u>		Schuhe
Ich		ein Kleid
Eva	**an ziehen**	eine Jacke
Du		einen Pullover
Meine Mutter	**aus ziehen**	<u>einen Mantel</u>
Wir		eine Turnhose
Der Mann		eine Hose
Maria		einen Rock

Thomas	zieht	einen Mantel	an .
Ich	ziehe	einen Pullover an.	
Eva	zieht	eine Jacke an.	
Du	ziehst	Strümpfe an.	
Meine Mutter	zieht	eine Bluse an.	
Wir	ziehen	Socken an.	
Der Mann	zieht	Schuhe an.	
Maria	zieht	eine Hose an.	

24 Trenne diese Verben (Tunwörter) und schreibe Sätze ins Heft!

aufräumen   fernsehen   aufpassen   abholen   fortgehen

    © Brigg Pädagogik Verlag, Augsburg

Merke!

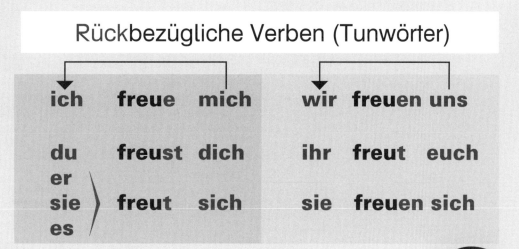

Rückbezügliche Verben (Tunwörter)

ich	freue	mich	wir	freuen	uns
du	freust	dich	ihr	freut	euch
er sie es	freut	sich	sie	freuen	sich

25 Ergänze diese Sätze!

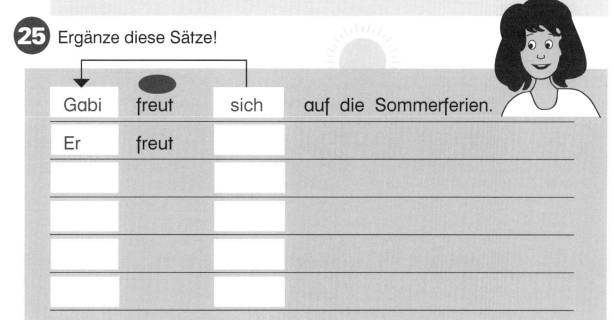

Gabi	freut	sich	auf die Sommerferien.
Er	freut		

Gib acht!

Echte rückbezügliche Verben (Tunwörter) brauchen immer das Pronomen (Fürwort) „sich".

echte	unechte
sich freuen	(sich) waschen
sich bedanken	(sich) duschen
sich schämen	(sich) kämmen
sich beeilen	(sich) verletzen
sich verlieben	(sich) anziehen
sich verirren	(sich) setzen
sich verkühlen usw.	(sich) ärgern usw.

© Brigg Pädagogik Verlag, Augsburg

Merke!

Rückbezügliche Verben (Tunwörter)

ich	freue	mich	wir	freuen	uns
du	freust	dich	ihr	freut	euch
er sie es	freut	sich	sie	freuen	sich

25 Ergänze diese Sätze! *

Gabi	freut	sich	auf die Sommerferien.
Er	freut	sich	auf das Fest.
Wir	freuen	uns	über das Geschenk.
Ich	freue	mich	auf Weihnachten.
Du	freust	dich	über das Buch.
Ihr	freut	euch	mit uns.

Gib acht!

Echte rückbezügliche Verben (Tunwörter) brauchen immer das Pronomen (Fürwort) „sich".

echte	unechte
sich freuen	(sich) waschen
sich bedanken	(sich) duschen
sich schämen	(sich) kämmen
sich beeilen	(sich) verletzen
sich verlieben	(sich) anziehen
sich verirren	(sich) setzen
sich verkühlen usw.	(sich) ärgern usw.

 © Brigg Pädagogik Verlag, Augsburg

Gib acht!

Unechte rückbezügliche Verben (Tunwörter) brauchen das Pronomen (Fürwort) **nicht**, wenn sie sich auf eine **andere** Person oder Sache beziehen!

Beispiel:

① Die Frau   setzt   **sich**   auf den Tisch.

② Die Frau   setzt   **das Kind**   auf den Tisch.

26 Kannst du richtige Beispiele finden?

| Ich | lege | mich | auf das Bett. |

| Ich | lege | | auf das Bett. |

| Sie | verletzt | sich | am Bein. |

| | | | |

| Peter | stellt | sich | zum Kasten. |

| | | | |

27 Ergänze richtig!

Er wäscht [sich] nach der Arbeit.

Wir duschen [   ] jeden Tag.

Ich beeile [   ] in der Früh.

Du ärgerst [   ] manchmal.

Eva interessiert [   ] für Pferde.

Ihr zieht [   ] schön an.

Gib acht!

Unechte rückbezügliche Verben (Tunwörter) brauchen das
Pronomen (Fürwort) **nicht**, wenn sie sich auf eine **andere**
Person oder Sache beziehen!

Beispiel:

 ①    ②

①	Die Frau	setzt	sich	auf den Tisch.
②	Die Frau	setzt	**das Kind**	auf den Tisch.

26 Kannst du richtige Beispiele finden? *

Ich	lege	mich	auf das Bett.
Ich	lege	die Decke	auf das Bett.

Sie	verletzt	sich	am Bein.
Sie	verletzt	ihren Bruder	am Bein.

Peter	stellt	sich	zum Kasten.
Peter	stellt	den Sessel	zum Kasten.

27 Ergänze richtig!

Er wäscht **sich** nach der Arbeit.

Wir duschen **uns** jeden Tag.

Ich beeile **mich** in der Früh.

Du ärgerst **dich*** manchmal.

Eva interessiert **sich** für Pferde.

Ihr zieht **euch** schön an.

© Brigg Pädagogik Verlag, Augsburg

Merke!

Modalverben (= Hilfszeitwörter der Aussage)

| können | dürfen | sollen | müssen | wollen | mögen |

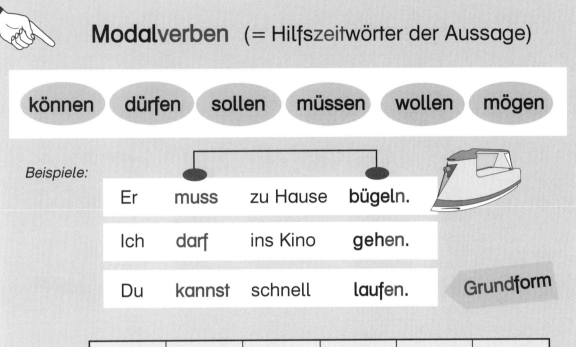

Beispiele:

Er **muss** zu Hause **bügeln.**

Ich **darf** ins Kino **gehen.**

Du **kannst** schnell **laufen.**   Grund**form**

	können	dürfen	sollen	müssen	wollen	mögen
ich	kann	darf	soll	muss	will	mag
du	kannst	darfst	sollst	musst	willst	magst
er sie es	kann	darf	soll	muss	will	mag
wir	können	dürfen	sollen	müssen	wollen	mögen
ihr	könnt	dürft	sollt	müsst	wollt	mögt
sie	können	dürfen	sollen	müssen	wollen	mögen

28 Bilde Sätze mit verschiedenen Modalverben!

Ich	kann	schwimmen.
Er		
Ihr		

Sie		
Wir		
Du		

© Brigg Pädagogik Verlag, Augsburg

Merke!

Modalverben (= Hilfszeitwörter der Aussage)

| könnnen | dürfen | sollen | müssen | wollen | mögen |

Beispiele:

Er	muss	zu Hause	**bügel**n.
Ich	darf	ins Kino	**geh**en.
Du	kannst	schnell	**lauf**en.

Grundform

	könnnen	dürfen	sollen	müssen	wollen	mögen
ich	kann	darf	soll	muss	will	mag
du	kann**st**	darf**st**	soll**st**	muss**t**	will**st**	mag**st**
er sie es	kann	darf	soll	muss	will	mag
wir	könn**en**	dürf**en**	soll**en**	müss**en**	woll**en**	mög**en**
ihr	könn**t**	dürf**t**	soll**t**	müss**t**	woll**t**	mög**t**
sie	könn**en**	dürf**en**	soll**en**	müss**en**	woll**en**	mög**en**

28 Bilde Sätze mit verschiedenen Modalverben!*

Ich	kann	schwimmen.
Er	darf	kommen.
Ihr	sollt	die Hausaufgaben erledigen.

Sie	müssen	lernen.
Wir	wollen	spielen.
Du	magst	Pudding.

    © Brigg Pädagogik Verlag, Augsburg

29 Ergänze und schreibe Sätze!

Er	muss	in die Stadt	gehen.
Wir		mit dem Rad	
Ich		meinen Freund	
Andrea		in der Früh	
Du		viel frisches Obst	
Sie		keinen Tee	

30 Kannst du diese Fragen beantworten?

Kannst du einen Handstand machen?
.... , ich kann
Darfst du am Abend fernsehen?
Musst du täglich Hausaufgaben machen?
Willst du am Sonntag ins Kino gehen?

© Brigg Pädagogik Verlag, Augsburg

1

29 Ergänze und schreibe Sätze! ∗

Er	muss	in die Stadt	gehen.
Wir	dürfen	mit dem Rad	kommen.
Ich	darf	meinen Freund	besuchen.
Andrea	soll	in der Früh	lernen.
Du	kannst	viel frisches Obst	essen.
Sie	mag	keinen Tee	trinken.
Otto	muss	die Hausaufgaben	erledigen.
Er	soll	das Geschirr	spülen.

30 Kannst du diese Fragen beantworten? ∗

Kannst du einen Handstand machen?

Ja/Nein, ich kann (k)einen Handstand machen.

Darfst du am Abend fernsehen?

Ja/Nein, ich darf am Abend (nicht) fernsehen.

Musst du täglich Hausaufgaben machen?

Ja/Nein, ich muss (nicht) täglich Hausaufgaben machen.

Willst du am Sonntag ins Kino gehen?

Ja/Nein, ich will am Sonntag (nicht) ins Kino gehen.

    © Brigg Pädagogik Verlag, Augsburg

Merke!

Ein Satz kann auch **mehrere Verben (Tunwörter)** haben.

gehen mit anderen **Verben (Tunwörtern)**

Beispiele:

schlafen	gehen
essen	gehen
spazieren	gehen
tanzen	gehen
baden	gehen
einkaufen	gehen
usw.	

31 Schreibe die Sätze mit Modalverben auf!

Michael	geht	um acht Uhr	schlafen.	
Michael	muss	um acht Uhr	schlafen	gehen.
Eva	geht	mit Peter	tanzen.	
Eva				
Wir	gehen	jeden Tag	spazieren.	
Du	gehst	in die Stadt	einkaufen.	

Merke!

Ein Satz kann auch **mehrere Verben (Tunwörter)** haben.

gehen mit anderen Verben (Tunwörtern)

Beispiele:

schlafen	gehen
essen	gehen
spazieren	gehen
tanzen	gehen
baden	gehen
einkaufen	gehen
usw.	

31 Schreibe die Sätze mit Modalverben auf! *

Michael	geht	um acht Uhr	schlafen.	
Michael	muss	um acht Uhr	schlafen	gehen.
Eva	geht	mit Peter	tanzen.	
Eva	möchte*	mit Peter	tanzen	gehen.
Wir	gehen	jeden Tag	spazieren.	
Wir	dürfen*	jeden Tag	spazieren	gehen.
Du	gehst	in die Stadt	einkaufen.	
Du	willst*	in die Stadt	einkaufen	gehen.

    © Brigg Pädagogik Verlag, Augsburg

Nomen Namenwort

1 Ordne die Nomen (Namenwörter) richtig zu!

○ die Kuh ○ die Flasche ○ der Bleistift ○ die Tasche

○ der Eimer ○ das Eis ○ die Brille ○ das Messer

○ das Haus ○ das Buch ○ der Hase ○ der Sessel

2 Schreibe die Nomen (Namenwörter) in die Tabelle!

der	die	das

© Brigg Pädagogik Verlag, Augsburg

Nomen Namenwort

2

1 Ordne die Nomen (Namenwörter) richtig zu!

⑩ die Kuh   ⑧ die Flasche   ④ der Bleistift   ① die Tasche

⑥ der Eimer   ③ das Eis   ② die Brille   ⑪ das Messer

⑨ das Haus   ⑦ das Buch   ⑫ der Hase   ⑤ der Sessel

2 Schreibe die Nomen (Namenwörter) in die Tabelle!

der	die	das
der Bleistift	die Tasche	das Eis
der Sessel	die Brille	das Buch
der Eimer	die Flasche	das Haus
der Hase	die Kuh	das Messer

    © Brigg Pädagogik Verlag, Augsburg

Merke!

Nomen heißen auch **Namenwörter**.   ↑ Baum
Nomen schreibt man **groß**!
Nomen haben einen **Artikel (Begleiter)**!

der	Mann
die	Frau
das	Kind
Mehrzahl: die	Kinder

Vor **Namen** setzt man **keinen Artikel (Begleiter)**:

Personen:	Peter, Maria ...
Städte:	Wien, Rom, Hamburg ...
Länder:	Österreich, Deutschland ...

3 Schreibe die Nomen (Namenwörter) mit dem richtigen Artikel (Begleiter) in die Tabelle!

Personen	Tiere	Dinge
die Mutter		

MUTTER	HUND	LEHRER	VOGEL
KORB	BUCH	KATZE	TISCH
FREUND	WURM	BRUDER	MAPPE

© Brigg Pädagogik Verlag, Augsburg

Merke!

2

Nomen heißen auch **Namenwörter**.   **↑ Baum**
Nomen schreibt man **groß**!
Nomen haben einen **Artikel (Begleiter)**!

der	Mann
die	Frau
das	Kind
Mehrzahl: die	Kinder

Vor **Namen** setzt man **keinen Artikel (Begleiter)**:

Personen:	Peter, Maria ...
Städte:	Wien, Rom, Hamburg ...
Länder:	Österreich, Deutschland ...

3 Schreibe die Nomen (Namenwörter) mit dem richtigen Artikel (Begleiter) in die Tabelle!

Personen	Tiere	Dinge
die Mutter	der Hund	der Korb
der Freund	der Wurm	das Buch
der Lehrer	die Katze	der Tisch
der Bruder	der Vogel	die Mappe

MUTTER	HUND	LEHRER	VOGEL
KORB	BUCH	KATZE	TISCH
FREUND	WURM	BRUDER	MAPPE

                    © Brigg Pädagogik Verlag, Augsburg

Merke!

Auch der **Anfang** eines Satzes wird immer **groß**geschrieben!

4 Male über die Nomen (Namenwörter) ein blaues Dreieck
und unterstreiche die Artikel (Begleiter)!

▲ KARL SITZT IN DER BADEWANNE.

OMA WÄSCHT DAS AUTO.

PETER LÄUFT IN DIE SCHULE.

DIE KATZE FRISST EINE MAUS.

EIN HASE SITZT AUF DEM FELD.

DER BUB KAUFT EIN FAHRRAD.

EVA SPIELT AUF DER WIESE.

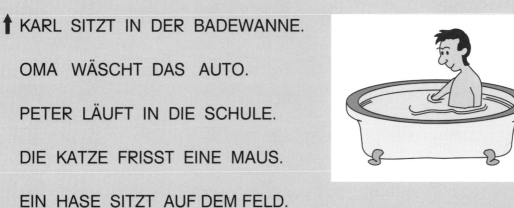

5 Schreibe die Sätze aus Aufgabe 4 auf!

▲ Karl sitzt

2

Merke!

Auch der **Anfang** eines Satzes wird immer **groß**geschrieben!

4 Male über die Nomen (Namenwörter) ein blaues Dreieck und unterstreiche die Artikel (Begleiter)!

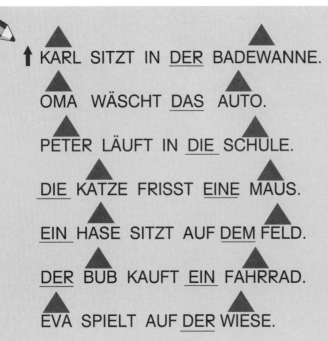

↑ KARL SITZT IN DER BADEWANNE.

OMA WÄSCHT DAS AUTO.

PETER LÄUFT IN DIE SCHULE.

DIE KATZE FRISST EINE MAUS.

EIN HASE SITZT AUF DEM FELD.

DER BUB KAUFT EIN FAHRRAD.

EVA SPIELT AUF DER WIESE.

5 Schreibe die Sätze aus Aufgabe 4 auf!

↑ Karl sitzt in der Badewanne.

Oma wäscht das Auto.

Peter läuft in die Schule.

Die Katze frisst eine Maus.

Ein Hase sitzt auf dem Feld.

Der Bub kauft ein Fahrrad.

Eva spielt auf der Wiese.

© Brigg Pädagogik Verlag, Augsburg

6 Kannst du diese Wörter richtig ordnen?

Nomen (Namenwort)

das ⬆Baby	

Verb (Tunwort)

⬇	

BABY ✓	LAUFEN	GEHEN	LESEN	SONNE
OPA	MÄDCHEN	SPIELEN	VATER	SEHEN
LIEGEN	ESSEN	FRAU	SESSEL	VOGEL
TANTE	GABI	KAUFEN	SITZEN	HABEN

7 Suche in diesem Text die Nomen (Namenwörter) und die Verben (Tunwörter)!

Franz geht in ein Geschäft. Er kauft viele gute Dinge. Er kauft frische Semmeln, Butter, Birnen und Äpfel. Franz legt alles in seinen Korb. Dann geht er zur Kasse. Viele Leute stehen und warten an der Kasse. Franz nimmt ein Eis aus der Kühltruhe. Als er zur Kasse kommt, hat er das Eis gegessen. Franz zahlt alles und geht wieder nach Hause.

8 Wie viele Nomen (Namenwörter) hast du gefunden?

2

6 Kannst du diese Wörter richtig ordnen?

▲

Nomen (Namenwort)

das ↑Baby	die Frau
Opa	der Vater
das Mädchen	der Sessel
die Tante	die Sonne
Gabi	der Vogel

⬤

Verb (Tunwort)

↓liegen	kaufen
laufen	lesen
essen	sitzen
gehen	sehen
spielen	haben

BABY ✓   LAUFEN ✓   GEHEN ✓   LESEN ✓   SONNE ✓
OPA ✓   MÄDCHEN ✓   SPIELEN ✓   VATER ✓   SEHEN ✓
LIEGEN ✓   ESSEN ✓   FRAU ✓   SESSEL ✓   VOGEL ✓
TANTE ✓   GABI ✓   KAUFEN ✓   SITZEN ✓   HABEN ✓

7 Suche in diesem Text die Nomen (Namenwörter) und die Verben (Tunwörter)!

▲ ⬤ ▲ ⬤

Franz geht in ein Geschäft. Er kauft viele gute

▲ ⬤ ▲ ▲ ▲

Dinge. Er kauft frische Semmeln, Butter, Birnen

▲ ▲ ⬤ ▲

und Äpfel. Franz legt alles in seinen Korb. Dann

⬤ ▲ ⬤ ⬤

geht er zur Kasse. Viele Leute stehen und war-

▲ ▲ ▲

ten an der Kasse. Franz nimmt ein Eis aus der

▲ ⬤ ⬤ ▲ ⬤

Kühltruhe. Als er zur Kasse kommt, hat er das Eis gegessen.

⬤ ▲

Franz zahlt alles und geht wieder nach Hause.

8 Wie viele Nomen (Namenwörter) hast du gefunden?   neunzehn

© Brigg Pädagogik Verlag, Augsburg

Merke!

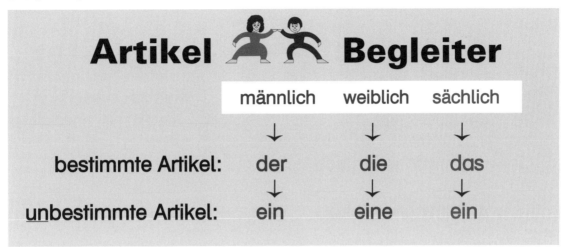

Artikel ✦ **Begleiter**

	männlich	weiblich	sächlich
	↓	↓	↓
bestimmte Artikel:	der	die	das
	↓	↓	↓
<u>un</u>bestimmte Artikel:	ein	eine	ein

9 Schreibe Sätze zu den Bildern!

männlich   weiblich   sächlich

① ein / der > Mann   ② eine / die > Frau   ③ ein / das > Kind

① Das ist ein **Mann.** Der **Mann** heißt Paul.

②

③

10 Setze die <u>un</u>bestimmten Artikel (Begleiter) ein!

Mein Vater ist		Mann.
Meine Mutter ist		Frau.
Mein Opa ist		Mann.
Anna ist		Kind.

Mein Onkel ist		Mann.
Meine Tante ist		Frau.
Die Oma ist		Frau.
Meine Schwester ist		Kind.

Merke!

2

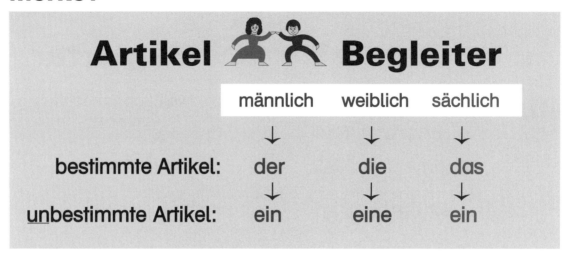

Artikel 👫 Begleiter

	männlich	weiblich	sächlich
	↓	↓	↓
bestimmte Artikel:	der	die	das
	↓	↓	↓
<u>un</u>bestimmte Artikel:	ein	eine	ein

9 Schreibe Sätze zu den Bildern! *

männlich

weiblich

sächlich

① ein / der 〉 Mann

② eine / die 〉 Frau

③ ein / das 〉 Kind

① Das ist ein **Mann**. **Der Mann** heißt Paul.

② Das ist eine Frau. Die Frau heißt Gerlinde.

③ Das ist ein Kind. Das Kind heißt Mario.

10 Setze die <u>un</u>bestimmten Artikel (Begleiter) ein!

Mein Vater ist	ein	Mann.
Meine Mutter ist	eine	Frau.
Mein Opa ist	ein	Mann.
Anna ist	ein	Kind.

Mein Onkel ist	ein	Mann.
Meine Tante ist	eine	Frau.
Die Oma ist	eine	Frau.
Meine Schwester ist	ein	Kind.

11 Kreuze den richtigen Artikel (Begleiter) an!

	der	die	das
Sohn	✗		
Mutter			
Kind			
Oma			
Tochter			
Onkel			
Großvater			
	ein	eine	ein
Schwester			
Tante			
Baby			
Vater			
Frau			
Mädchen			

12 Wie heißen die Artikel (Begleiter)?

der	ein	
		Lehrer
		Großmutter
		Bub
		Opa
		Bruder
		Neffe
		Freundin
		Freund
		Lehrerin
		Vater
		Schwester
		Tante
		Mutter
		Mädchen
		Onkel

13 Ergänze die richtigen Artikel (Begleiter) und suche die Nomen (Namenwörter)!

_____ Katze sitzt im Hof.

_____ großer Hund kommt.

Er sieht _____ Katze und bellt.

_____ Katze hat Angst.

Sie springt auf einen Zaun.

Anna kommt und trägt _____ Katze in _____ Haus.

2

11 Kreuze den richtigen Artikel (Begleiter) an!

	der	die	das
Sohn	X		
Mutter		X	
Kind			X
Oma		X	
Tochter		X	
Onkel	X		
Großvater	X		

	ein	eine	ein
Schwester		X	
Tante		X	
Baby			X
Vater	X		
Frau		X	
Mädchen			X

12 Wie heißen die Artikel (Begleiter)?

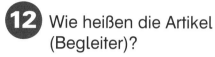

der	ein	Lehrer
die	eine	Großmutter
der	ein	Bub
der	ein	Opa
der	ein	Bruder
der	ein	Neffe
die	eine	Freundin
der	ein	Freund
die	eine	Lehrerin
der	ein	Vater
die	eine	Schwester
die	eine	Tante
die	eine	Mutter
das	ein	Mädchen
der	ein	Onkel

13 Ergänze die richtigen Artikel (Begleiter) und suche die Nomen (Namenwörter)!

Eine Katze sitzt im Hof.

Ein großer Hund kommt.

Er sieht die Katze und bellt.

Die Katze hat Angst.

Sie springt auf einen Zaun.

Anna kommt und trägt die Katze in das Haus.

 © Brigg Pädagogik Verlag, Augsburg

Merke!

unbestimmt ⟶ ein, eine, ein ⟶ nicht bekannt

bestimmt ⟶ der, die, das ⟶ bekannt

14 Ergänze die Artikel (Begleiter) und erzähle weiter!

Ein Märchen

In einem Wald steht ein kleines Haus.

Das Haus gehört einer armen, alten Frau.

Die alte Frau hat einen schwarzen Vogel.

Der Vogel heißt Tico.

_____ kleines Mädchen geht durch den Wald.

_____ Vogel Tico sitzt auf einem Ast und sieht

_____ Mädchen.

„Komm mit!", ruft _____ schwarze Vogel.

_____ Mädchen ist erstaunt und folgt ihm ...

15 Ergänze die richtigen Artikel (Begleiter)!

ein Mann	eine Katze	ein Schwein	eine Frau	ein Haus
der Mann				

der Kamm	die Flasche	das Glas	der Teller	die Tasche
ein Kamm				

ein Sessel	eine Lampe	ein Fenster	eine Tür	ein Tisch

© Brigg Pädagogik Verlag, Augsburg   Bestimmter und unbestimmter Artikel (Begleiter)   **53**

Merke!

2

unbestimmt ⟶ ein, eine, ein ⟶ <u>nicht</u> bekannt

bestimmt ⟶ der, die, das ⟶ bekannt

14 Ergänze die Artikel (Begleiter) und erzähle weiter!

Ein Märchen

In einem Wald steht ein kleines Haus.

Das Haus gehört einer armen, alten Frau.

Die alte Frau hat einen schwarzen Vogel.

Der Vogel heißt Tico.

<u>Ein</u> kleines Mädchen geht durch den Wald.

<u>Der</u> Vogel Tico sitzt auf einem Ast und sieht

<u>das</u> Mädchen.

„Komm mit!", ruft <u>der</u> schwarze Vogel.

<u>Das</u> Mädchen ist erstaunt und folgt ihm ... ***

15 Ergänze die richtigen Artikel (Begleiter)!

ein Mann	eine Katze	ein Schwein	eine Frau	ein Haus
der Mann	die Katze	das Schwein	die Frau	das Haus

der Kamm	die Flasche	das Glas	der Teller	die Tasche
ein Kamm	eine Flasche	ein Glas	ein Teller	eine Tasche

ein Sessel	eine Lampe	ein Fenster	eine Tür	ein Tisch
der Sessel	die Lampe	das Fenster	die Tür	der Tisch

 © Brigg Pädagogik Verlag, Augsburg

16 Was ist das? Schreibe die Wörter mit unbestimmten Artikeln
(Begleitern) auf!

männlich	weiblich	sächlich

eine Banane

_____

_____

_____

_____

_____

_____

_____

_____

_____

17 Suche alle Artikel (Begleiter) und streiche die falschen durch!
Schreibe die Nomen (Namenwörter) mit Artikel (Begleiter)
ins Heft!

~~Der~~ Mädchen trägt <u>eine</u> schwere Tasche.

Der Buch gehört meiner Freundin.

Ein junger Hund schläft im Korb.

Eine Igel läuft durch den Garten.

Der Oma kauft ein neues Auto.

Die Großvater liest die Zeitung.

Der Sonne scheint heute nicht.

Der Hase frisst gerne Salat.

Das Kind bemalt eine Eule.

2

16 Was ist das? Schreibe die Wörter mit unbestimmten Artikeln (Begleitern) auf!

	männlich	weiblich	sächlich

männlich	weiblich	sächlich
eine Banane		eine Blume
ein Brot		ein Käse
ein Pilz		eine Zitrone
ein Eis		ein Herz
eine Traube		eine Burg
ein Fußball		ein Ast
ein Hörnchen		ein Fahrrad
eine Erdbeere		ein Blumentopf
ein Hut		eine Birne
ein Haus		ein Apfel

17 Suche alle Artikel (Begleiter) und streiche die falschen durch!
Schreibe die Nomen (Namenwörter) mit Artikel (Begleiter) ins Heft!

~~Der~~ Mädchen trägt <u>eine</u> schwere Tasche.

~~Der~~ Buch gehört meiner Freundin.

<u>Ein</u> junger Hund schläft <u>im</u> Korb.

~~Ein~~ Igel läuft durch <u>den</u> Garten.

~~Der~~ Oma kauft <u>ein</u> neues Auto.

~~Die~~ Großvater liest <u>die</u> Zeitung.

~~Der~~ Sonne scheint heute nicht.

<u>Der</u> Hase frisst gerne Salat.

<u>Das</u> Kind bemalt <u>eine</u> Eule.

© Brigg Pädagogik Verlag, Augsburg

Merke!

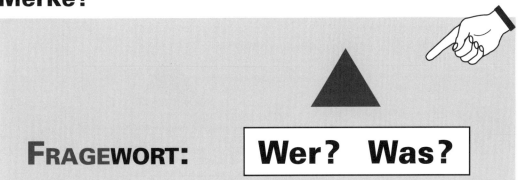

FRAGEWORT: Wer? Was?

18 Suche weitere Nomen (Namenwörter)!

Wer?	Wer / Was?	Was?	Was?
Menschen	Tiere	Pflanzen	Dinge
der Mann	das Zebra	die Rose	der Fotoapparat
der Bub	der Igel	das Gras	die Tasche
Maria	das Reh	der Strauch	der Hammer
die Mutter			

Frage: „Wer oder was?"

2

Merke!

FRAGEWORT: **Wer? Was?**

---

18 Suche weitere Nomen (Namenwörter)! *

▲ Wer?	▲ Wer / Was?	▲ Was?	▲ Was?
 Menschen	 Tiere	 Pflanzen	 Dinge
der Mann	das Zebra	die Rose	der Fotoapparat
der Bub	der Igel	das Gras	die Tasche
Maria	das Reh	der Strauch	der Hammer
die Mutter	die Schlange	die Blume	das Bild
das Kind	der Bär	der Baum	der Ofen
der Junge	die Ameise	das Gewächs	der Tisch
der Onkel	die Giraffe	der Busch	das Handy
die Tante	das Schwein	die Tulpe	die Flasche
die Frau	der Hund	die Lilie	das Pflaster
Oskar	die Katze	das Schilf	das Buch

© Brigg Pädagogik Verlag, Augsburg

19 Schreibe Fragen zu diesen Sätzen!

2

Wer oder was?

Hannes kommt heute.	Die Suppe schmeckt gut.
Wer kommt heute?	

Karin möchte ein neues Fahrrad.	Meine Tante wohnt in Amerika.

Die Katze frisst einen Vogel.	Meine Hose hat ein Loch.

Herr Müller geht einkaufen.	Anna isst am liebsten Eis.

20 Ordne richtig zu!

Die Tageszeitung

Fragen

Antworten

① Was macht Herr Karl gerne?   ◯ Das ist Herr Karl.

② Wer ist das?   ◯ Herr Karl hat eine Zeitung.

③ Was isst Herr Karl gerne?   ◯ Herr Karl liest gerne.

④ Was hat Herr Karl?   ◯ Herr Karl isst gerne Würste.

21 Zeichne und beschreibe eine Person, die du kennst!

	① Das ist
	②
	③
	④

2 **19** Schreibe Fragen zu diesen Sätzen!

Wer oder was?

Hannes kommt heute.	Die Suppe schmeckt gut.
Wer kommt heute?	Was schmeckt gut?
Karin möchte ein neues Fahrrad.	Meine Tante wohnt in Amerika.
Was möchte Karin?	Wer wohnt in Amerika?
Die Katze frisst einen Vogel.	Meine Hose hat ein Loch.
Wer frisst einen Vogel?	Was hat meine Hose?
Herr Müller geht einkaufen.	Anna isst am liebsten Eis.
Wer geht einkaufen?	Wer isst am liebsten Eis?

20 Ordne richtig zu!

Fragen

Antworten

① Was macht Herr Karl gerne?

② Wer ist das?

③ Was isst Herr Karl gerne?

④ Was hat Herr Karl?

② Das ist Herr Karl.

④ Herr Karl hat eine Zeitung.

① Herr Karl liest gerne.

③ Herr Karl isst gerne Würste.

21 Zeichne und beschreibe eine Person, die du kennst! *

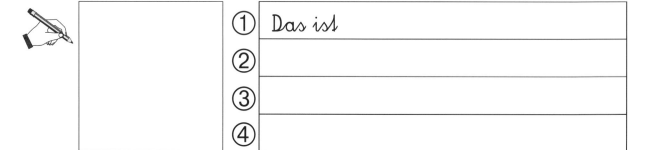

① Das ist
②
③
④

   © Brigg Pädagogik Verlag, Augsburg

22 Lies diese Geschichte und erzähle sie zu Ende!
Suche die Nomen (Namenwörter) und die Verben (Tunwörter)!

So ein Pech!

▲ ●
Tom und Peter spielen vor dem Haus Fußball.

Tom schießt den Ball zu Peter.

Aber Peter kann den Ball nicht fangen.

Der Ball fliegt durch das Fenster ins Zimmer.
▲
Die Fensterscheibe ist kaputt.

Viele Scherben fallen auf den Boden.

Die Buben erschrecken sehr.

Sie überlegen, was sie machen können ...

23 Schreibe fünf Fragen zum Text! Dein Nachbar soll sie beantworten!

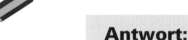

Frage: **Antwort:**

Ich frage:	.... antwortet:
Wer spielt vor dem Haus Fußball?	Tom und Peter

2 **22** Lies diese Geschichte und erzähle sie zu Ende!
Suche die Nomen (Namenwörter) und die Verben (Tunwörter)!

So ein Pech!

Tom und Peter spielen vor dem Haus Fußball.

Tom schießt den Ball zu Peter.

Aber Peter kann den Ball nicht fangen.

Der Ball fliegt durch das Fenster ins Zimmer.

Die Fensterscheibe ist kaputt.

Viele Scherben fallen auf den Boden.

Die Buben erschrecken sehr.

Sie überlegen, was sie machen können ...

23 Schreibe fünf Fragen zum Text! Dein Nachbar soll sie beantworten! *

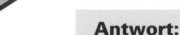

Frage:	**Antwort:**
Ich frage:	.... antwortet:
Wer spielt vor dem Haus Fußball?	Tom und Peter
Wer schießt den Ball zu Peter?	Tom
Wer kann den Ball nicht fangen?	Peter
Was fliegt durch das Fenster?	der Ball
Was ist kaputt?	die Fensterscheibe
Was fällt auf den Boden?	Scherben

   © Brigg Pädagogik Verlag, Augsburg

24 Kreuze das richtige Fragewort an!
Schreibe die Fragesätze ins Heft!

	Wer?	Was?	Was macht?
Die Schaukel gehört meiner Schwester.	☐	✗	☐
Mir gefällt das Foto gut.	☐	☐	☐
Ich besuche heute meine Freundin.	☐	☐	☐
Auf dem Balkon sitzt eine Hummel.	☐	☐	☐
Mein Bruder ist krank.	☐	☐	☐
Das Wetter ist heute schön.	☐	☐	☐
Der Igel läuft über die Straße.	☐	☐	☐
Karin schreibt einen Brief.	☐	☐	☐
Sie isst am liebsten Marillen.	☐	☐	☐
Auf der Straße fahren viele Autos.	☐	☐	☐
Anna kauft eine Kinokarte.	☐	☐	☐
Tom putzt sein neues Fahrrad.	☐	☐	☐
Die Kinder spielen im Garten fangen.	☐	☐	☐

25 Suche die Nomen (Namenwörter) und schreibe den Text ins Heft!

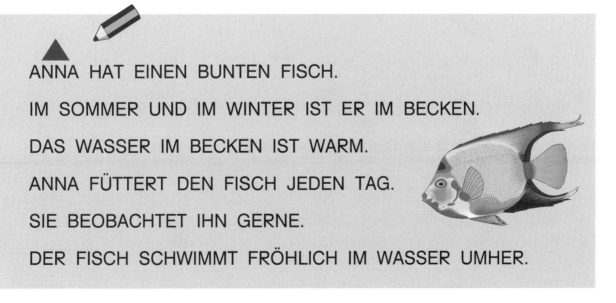

ANNA HAT EINEN BUNTEN FISCH.

IM SOMMER UND IM WINTER IST ER IM BECKEN.

DAS WASSER IM BECKEN IST WARM.

ANNA FÜTTERT DEN FISCH JEDEN TAG.

SIE BEOBACHTET IHN GERNE.

DER FISCH SCHWIMMT FRÖHLICH IM WASSER UMHER.

Frage: „Wer oder was?"

2

24 Kreuze das richtige Fragewort an!
Schreibe die Fragesätze ins Heft!

	Wer?	Was?	Was macht?
Die Schaukel gehört meiner Schwester.		X	
Mir gefällt das Foto gut.		X	
Ich besuche heute meine Freundin.	X		
Auf dem Balkon sitzt eine Hummel.			X
Mein Bruder ist krank.	X		
Das Wetter ist heute schön.		X	
Der Igel läuft über die Straße.	X		
Karin schreibt einen Brief.			X
Sie isst am liebsten Marillen.	X		
Auf der Straße fahren viele Autos.		X	
Anna kauft eine Kinokarte.			X
Tom putzt sein neues Fahrrad.		X	
Die Kinder spielen im Garten fangen.			X

25 Suche die Nomen (Namenwörter) und schreibe den Text ins Heft!

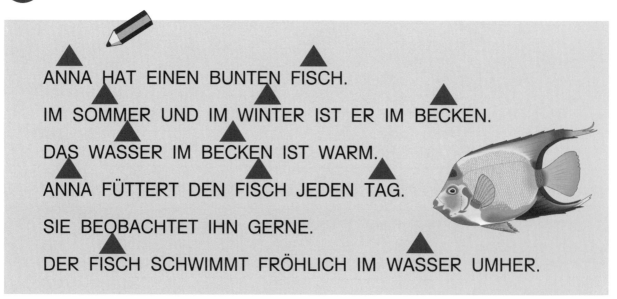

ANNA HAT EINEN BUNTEN FISCH.

IM SOMMER UND IM WINTER IST ER IM BECKEN.

DAS WASSER IM BECKEN IST WARM.

ANNA FÜTTERT DEN FISCH JEDEN TAG.

SIE BEOBACHTET IHN GERNE.

DER FISCH SCHWIMMT FRÖHLICH IM WASSER UMHER.

    © Brigg Pädagogik Verlag, Augsburg

Merke!

Nomen (Namenwörter) kann man <u>zusammen</u>setzen:

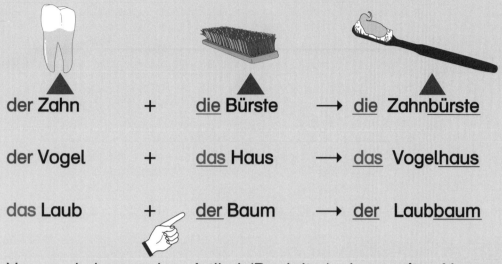

der Zahn	+	<u>die</u> Bürste	→	<u>die</u> Zahn<u>bürste</u>
der Vogel	+	<u>das</u> Haus	→	<u>das</u> Vogel<u>haus</u>
das Laub	+	<u>der</u> Baum	→	<u>der</u> Laub<u>baum</u>

Verwende immer den Artikel (Begleiter) des <u>zweiten</u> Nomens (Namenwortes)!

26 Welche Nomen (Namenwörter) passen zusammen?

der Brief	der Schuh
das Brot	das Essen
der Regen	die Vase
das Haus	die Tasche
der Abend	das Buch
der Sommer	der Ball
der Fuß	die Tür
die Blumen	das Kleid
die Hand	der Löffel
der Kaffee	der Schirm
die Bilder	der Mantel
der Winter	das Messer

die Brieftasche

Merke!

Nomen (Namenwörter) kann man <u>zusammen</u>setzen:

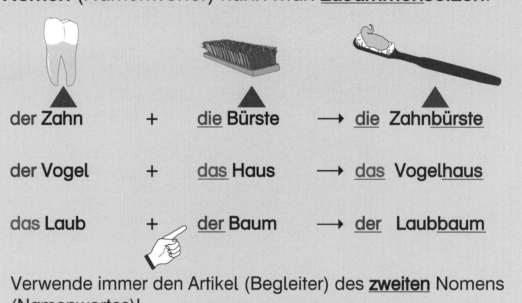

der **Zahn**	+	<u>die</u> **Bürste**	→	<u>die</u> **Zahn<u>bürste</u>**
der **Vogel**	+	<u>das</u> **Haus**	→	<u>das</u> **Vogel<u>haus</u>**
das **Laub**	+	<u>der</u> **Baum**	→	<u>der</u> **Laub<u>baum</u>**

Verwende immer den Artikel (Begleiter) des <u>zweiten</u> Nomens (Namenwortes)!

26 Welche Nomen (Namenwörter) passen zusammen?

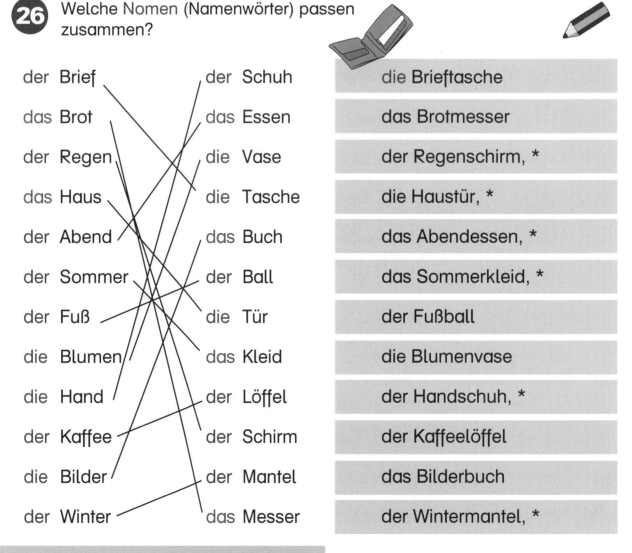

der Brief	der Schuh	die Brieftasche
das Brot	das Essen	das Brotmesser
der Regen	die Vase	der Regenschirm, *
das Haus	die Tasche	die Haustür, *
der Abend	das Buch	das Abendessen, *
der Sommer	der Ball	das Sommerkleid, *
der Fuß	die Tür	der Fußball
die Blumen	das Kleid	die Blumenvase
die Hand	der Löffel	der Handschuh, *
der Kaffee	der Schirm	der Kaffeelöffel
die Bilder	der Mantel	das Bilderbuch
der Winter	das Messer	der Wintermantel, *

   © Brigg Pädagogik Verlag, Augsburg

27 Bilde zusammengesetzte Nomen (Namenwörter)!

ein <u>Kleid</u>	für den Sommer	das Sommerkleid
ein <u>Schirm</u>	für die Sonne	
eine <u>Tasche</u>	für die Reise	
ein <u>Zaun</u>	für den Garten	
ein <u>Schloss</u>	für die Tür	
ein <u>Topf</u>	für die Blumen	
ein <u>Messer</u>	für die Tasche	

28 Setze die Wörter richtig zusammen und schreibe die Artikel (Begleiter) dazu!

Apfel semmel	Wurst saft	Butter salat	Orangen reis
Obst suppe	Gemüse brot	Rind kuchen	Erbsen fleisch

Apfelkuchen

29 Suche die zusammengesetzten Nomen (Namenwörter) und schreibe sie mit Artikel (Begleiter) ins Heft!

Im Supermarkt

Familie Gruber geht in den <u>Supermarkt</u> einkaufen. Die Mutter kauft Semmeln, Schafskäse und Fruchtjogurt. Peter kauft Vanillepudding und Schokoladenkekse. Seine Schwester Christa nimmt Taschentücher, Haarshampoo und Zahnpasta. Der Vater schiebt den Einkaufswagen. Die Mutter bezahlt an der Kasse.

2

27 Bilde zusammengesetzte Nomen (Namenwörter)!

ein <u>Kleid</u>	für den Sommer	das Sommerkleid
ein <u>Schirm</u>	für die Sonne	der Sonnenschirm
eine <u>Tasche</u>	für die Reise	die Reisetasche
ein <u>Zaun</u>	für den Garten	der Gartenzaun
ein <u>Schloss</u>	für die Tür	das Türschloss
ein <u>Topf</u>	für die Blumen	der Blumentopf
ein <u>Messer</u>	für die Tasche	das Taschenmesser

28 Setze die Wörter richtig zusammen und schreibe die Artikel (Begleiter) dazu!

Apfel semmel	Wurst saft	Butter salat	Orangen reis
Obst suppe	Gemüse brot	Rind kuchen	Erbsen fleisch

der Apfelkuchen, die Wurstsemmel, das Butterbrot, der Orangensaft,

der Obstsalat, der Erbsenreis, die Gemüsesuppe, das Rindfleisch

29 Suche die zusammengesetzten Nomen (Namenwörter) und schreibe sie mit Artikel (Begleiter) ins Heft!

Im Supermarkt

Familie Gruber geht in den <u>Supermarkt</u> einkaufen. Die Mutter kauft Semmeln, <u>Schafskäse</u> und <u>Fruchtjogurt</u>. Peter kauft <u>Vanillepudding</u> und <u>Schokoladenkekse</u>. Seine Schwester Christa nimmt <u>Taschentücher</u>, <u>Haarshampoo</u> und <u>Zahnpasta</u>. Der Vater schiebt den <u>Einkaufswagen</u>. Die Mutter bezahlt an der Kasse.

 © Brigg Pädagogik Verlag, Augsburg

Merke!

Nomen und Verben kann man zusammensetzen:
(Namenwörter)   (Tunwörter)

waschen	+	die Maschine	→	die Waschmaschine
essen	+	der Tisch	→	der Esstisch
trinken	+	das Glas	→	das Trinkglas

30 Bilde zusammengesetzte Nomen (Namenwörter)!

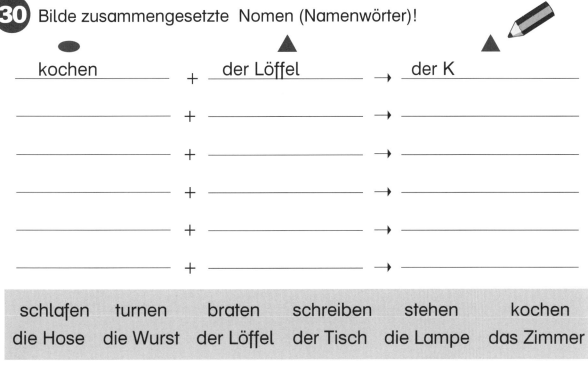

kochen	+	der Löffel	→	der K_____
_____	+	_____	→	_____
_____	+	_____	→	_____
_____	+	_____	→	_____
_____	+	_____	→	_____
_____	+	_____	→	_____

| schlafen | turnen | braten | schreiben | stehen | kochen |
| die Hose | die Wurst | der Löffel | der Tisch | die Lampe | das Zimmer |

31 Zeichne und schreibe!

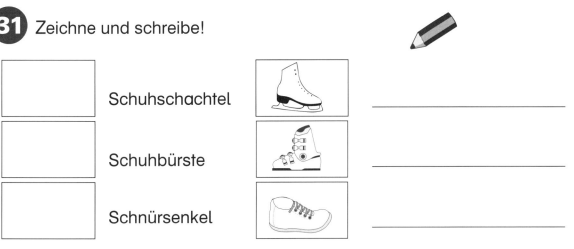

Schuhschachtel

Schuhbürste

Schnürsenkel

_____

_____

_____

© Brigg Pädagogik Verlag, Augsburg   Zusammengesetzte Nomen (Namenwörter)   69

Merke!

2

Nomen und Verben kann man zusammensetzen:
(Namenwörter)   (Tunwörter)

waschen	+	die Maschine	→	die Wasch<u>maschine</u>
essen	+	der Tisch	→	der Ess<u>tisch</u>
trinken	+	das Glas	→	das Trink<u>glas</u>

30 Bilde zusammengesetzte Nomen (Namenwörter)!

kochen	+	der Löffel	→	der Kochlöffel
schlafen	+	das Zimmer	→	das Schlafzimmer
turnen	+	die Hose	→	die Turnhose
braten	+	die Wurst	→	die Bratwurst
schreiben	+	der Tisch	→	der Schreibtisch
stehen	+	die Lampe	→	die Stehlampe

schlafen	turnen	braten	schreiben	stehen	kochen
die Hose	die Wurst	der Löffel	der Tisch	die Lampe	das Zimmer

31 Zeichne und schreibe!

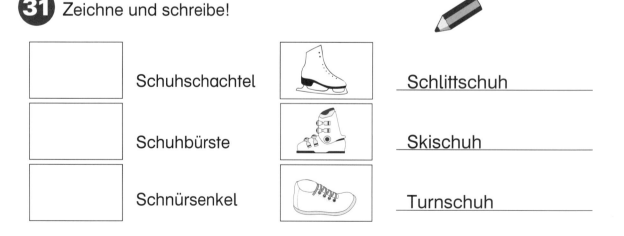

	Schuhschachtel		Schlittschuh
	Schuhbürste		Skischuh
	Schnürsenkel		Turnschuh

   © Brigg Pädagogik Verlag, Augsburg

32 Bilde zusammengesetzte Nomen (Namenwörter)!

| Was für ein **Buch**? | Was für eine Lampe? |

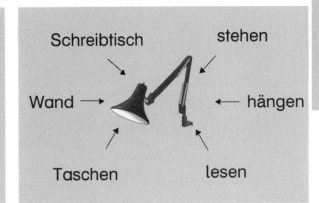

das Deutschbuch	

33 Suche zusammengesetzte Nomen (Namenwörter) und schreibe
Sätze ins Heft!

Saft	der Orangensaft, der
Suppe	
Kuchen	

2 **32** Bilde zusammengesetzte Nomen (Namenwörter)!

Was für ein Buch?	Was für eine Lampe?

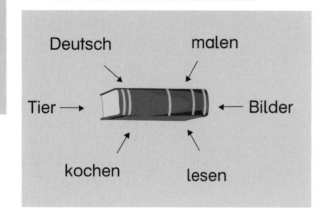 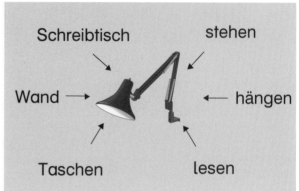

das Deutschbuch	die Schreibtischlampe
das Tierbuch	die Stehlampe
das Kochbuch	die Hängelampe
das Lesebuch	die Leselampe
das Bilderbuch	die Taschenlampe
das Malbuch	die Wandlampe

33 Suche zusammengesetzte Nomen (Namenwörter) und schreibe Sätze ins Heft! *

Saft	der Orangensaft, der Apfelsaft, die Saftpresse, der Zitronensaft, der Traubensaft
Suppe	die Gemüsesuppe, der Suppenteller, die Nudelsuppe, das Suppengemüse, der Suppentopf, die Suppenschüssel
Kuchen	der Marmorkuchen, die Kuchenform, die Kuchenglasur, der Käsekuchen, der Pflaumenkuchen, die Kuchenschaufel

 © Brigg Pädagogik Verlag, Augsburg

Merke!

Es gibt auch für viele Dinge ein **Nomen (Namenwort)**:

Kirsche + Banane + Orange + Apfel + Birne ⟶ Obst

Salat + Karotte + Erbse + Tomate + Gurke ⟶ Gemüse

Diese **Nomen (Namenwörter)** nennt man Oberbegriffe!

34 Schreibe die richtigen Oberbegriffe dazu!

Hammer + Säge + Zange + Schraubenzieher ⟶

Hund + Katze + Kuh + Schaf + Vogel ⟶

Auto + Bus + Fahrrad + Lastauto + Moped ⟶

Teller + Schale + Glas + Tasse + Kanne ⟶

Käfer + Biene + Ameise + Fliege + Wespe ⟶

| Geschirr | Tiere | Fahrzeuge | Werkzeug | Insekten |

35 Was gehört zu diesen Oberbegriffen?

Kleidung	= Mantel,
Möbel	
Lebensmittel	
Pflanzen	

Merke!

2

Es gibt auch für viele Dinge ein **Nomen (Namenwort)**:

Kirsche + Banane + Orange + Apfel + Birne ⟶ **Obst**

Salat + Karotte + Erbse + Tomate + Gurke ⟶ **Gemüse**

Diese **Nomen (Namenwörter)** nennt man Oberbegriffe!

34 Schreibe die richtigen Oberbegriffe dazu!

Hammer + Säge + Zange + Schraubenzieher ⟶ Werkzeug

Hund + Katze + Kuh + Schaf + Vogel ⟶ Tiere

Auto + Bus + Fahrrad + Lastauto + Moped ⟶ Fahrzeuge

Teller + Schale + Glas + Tasse + Kanne ⟶ Geschirr

Käfer + Biene + Ameise + Fliege + Wespe ⟶ Insekten

Geschirr	Tiere	Fahrzeuge	Werkzeug	Insekten

35 Was gehört zu diesen Oberbegriffen? *

Kleidung	= Mantel, Hemd, Bluse, Turnschuh, Hose
Möbel	= Stuhl, Sessel, Tisch, Schrank, Truhe
Lebensmittel	= Reis, Milch, Sahne, Vanillezucker, Mehl
Pflanzen	= Rose, Kiefer, Schafgarbe, Gänseblümchen, Birke

            © Brigg Pädagogik Verlag, Augsburg

Merke!

Verben (Tunwörter) in der **Grundform** werden mit dem Artikel (Begleiter) das zu **Nomen (Namenwörtern)**!

essen	+	das	→	das **E**ssen
kochen	+	das	→	das **K**ochen
backen	+	das	→	das **B**acken

36 Verwandle die Verben (Tunwörter) in Nomen (Namenwörter)!

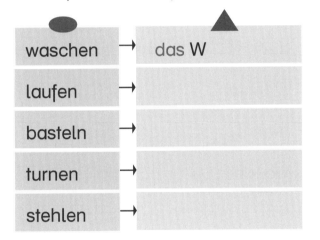

waschen	→	das W
laufen	→	
basteln	→	
turnen	→	
stehlen	→	

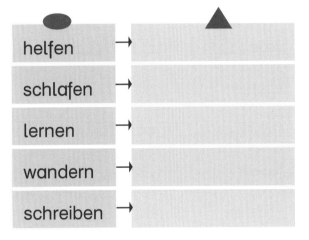

helfen	→	
schlafen	→	
lernen	→	
wandern	→	
schreiben	→	

37 Kannst du sinnvoll ergänzen?

Das _____ im Gebirge ist schön.

Das _____ der Zähne ist wichtig.

Das _____ im Freien macht Spaß.

Das _____ im Garten macht müde.

Das _____ von Früchten ist gesund.

Das _____ von Alkohol ist schädlich.

Das _____ in der Hängematte ist ein Vergnügen.

Merke!

Verben (Tunwörter) in der **Grundform** werden mit dem Artikel (Begleiter) **das** zu **Nomen (Namenwörtern)**!

●			▲	
essen	+	das	→	das <u>E</u>ssen
kochen	+	das	→	das <u>K</u>ochen
backen	+	das	→	das <u>B</u>acken

36 Verwandle die Verben (Tunwörter) in Nomen (Namenwörter)!

●		▲
waschen	→	das Waschen
laufen	→	das Laufen
basteln	→	das Basteln
turnen	→	das Turnen
stehlen	→	das Stehlen

●		▲
helfen	→	das Helfen
schlafen	→	das Schlafen
lernen	→	das Lernen
wandern	→	das Wandern
schreiben	→	das Schreiben

37 Kannst du sinnvoll ergänzen?

Das	Wandern	im Gebirge ist schön.
Das	Putzen	der Zähne ist wichtig.
Das	Spielen *	im Freien macht Spaß.
Das	Arbeiten	im Garten macht müde.
Das	Essen	von Früchten ist gesund.
Das	Trinken	von Alkohol ist schädlich.
Das	Liegen	in der Hängematte ist ein Vergnügen.

   © Brigg Pädagogik Verlag, Augsburg

Merke!

Verben werden auch nach | **vom** | zu Nomen!
(Tunwörter) | **zum** |
| **beim** | (Namenwörtern)

vom	+	arbeiten	→	vom	<u>A</u>rbeiten
zum	+	schneiden	→	zum	<u>S</u>chneiden
beim	+	putzen	→	beim	<u>P</u>utzen

38 Überlege, was zusammenpasst, und bilde Sätze!

einkaufen			Zum Einkaufen braucht man Geld.
backen			
schwimmen		vom	
fernsehen			
heizen			
bügeln		zum	
gießen			
bohren		beim	
nähen			
reisen			

Merke!

2

Verben werden auch nach   **vom**
(Tunwörter)

zum

beim   zu Nomen!
              (Namenwörtern)

vom	+	arbeiten	⟶	vom	Arbeiten
zum	+	schneiden	⟶	zum	Schneiden
beim	+	putzen	⟶	beim	Putzen

38 Überlege, was zusammenpasst, und bilde Sätze! *

einkaufen		Zum Einkaufen braucht man Geld.
backen		Beim Backen bekommt man Hunger.
schwimmen	**vom**	Zum Schwimmen fehlt die Badehose.
fernsehen		Beim Fernsehen esse ich gerne Chips.
heizen	**zum**	Zum Heizen benötigt man Kohle.
bügeln		Beim Bügeln hört sie Musik.
gießen	**beim**	Beim Gießen hatte ich eine Idee.
bohren		Zum Bohren braucht man einen Bohrer.
nähen		Beim Nähen hat sie nicht aufgepasst.
reisen		Vom Reisen wird man müde.

Adjektiv Wiewort/ Eigenschaftswort

1 Schreibe Sätze zu den Bildern!

Wer / Was?	Wie?	
der Elefant	lang	Der Elefant ist groß.
die Maus	dick	
die Raupe	hoch	
die Schlange	groß	
die Frau	niedrig	
der Mann	dünn	
die Leiter	kurz	
der Tisch	klein	

© Brigg Pädagogik Verlag, Augsburg

Adjektiv Wiewort/ Eigenschaftswort

1 Schreibe Sätze zu den Bildern! *

Wer / Was?   **Wie?**

der Elefant   lang
die Maus   dick
die Raupe   hoch
die Schlange   groß
die Frau   niedrig
der Mann   dünn
die Leiter   kurz
der Tisch   klein

Der Elefant	ist	groß.
Die Maus	ist	klein.
Die Raupe	ist	kurz.
Die Schlange	ist	lang.
Die Frau	ist	dünn.
Der Mann	ist	dick.
Die Leiter	ist	hoch.
Der Tisch	ist	niedrig.

© Brigg Pädagogik Verlag, Augsburg

Merke!

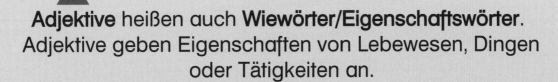

Adjektive heißen auch **Wiewörter/Eigenschaftswörter**.
Adjektive geben Eigenschaften von Lebewesen, Dingen
oder Tätigkeiten an.

Adjektive schreibt man klein!

FRAGEWORT: | **Wie?**

2 Beantworte diese Fragen zur Aufgabe 1!

Wie ist der Tisch?	Der Tisch ist
Wie ist die Maus?	
Wie ist die Frau?	
Wie ist der Elefant?	
Wie ist die Leiter?	
Wie ist der Mann?	
Wie ist die Schlange?	

3 Lies diesen Text und suche die Adjektive (Wiewörter)!
Male ein kleines grünes Dreieck darüber!

Susi geht in die zweite Klasse. Sie ist klein und hat lange, rote Haare. In der Schule plaudert sie gerne mit ihren Freunden. Sie liebt lustige Geschichten und isst am liebsten süße Kirschen. Susi ist sehr freundlich und immer fröhlich.

© Brigg Pädagogik Verlag, Augsburg

3

Merke!

▲

Adjektive heißen auch **Wiewörter/Eigenschaftswörter**.
Adjektive geben Eigenschaften von Lebewesen, Dingen
oder Tätigkeiten an.

Adjektive schreibt man klein!

FRAGEWORT: | **Wie?**

2 Beantworte diese Fragen zur Aufgabe 1! *

Wie ist der Tisch?	Der Tisch ist niedrig.
Wie ist die Maus?	Die Maus ist klein.
Wie ist die Frau?	Die Frau ist dünn.
Wie ist der Elefant?	Der Elefant ist groß.
Wie ist die Leiter?	Die Leiter ist hoch.
Wie ist der Mann?	Der Mann ist dick.
Wie ist die Schlange?	Die Schlange ist lang.

3 Lies diesen Text und suche die Adjektive (Wiewörter)!
Male ein kleines grünes Dreieck darüber!

Susi geht in die zweite Klasse. Sie ist
▲
klein und hat lange, rote Haare. In der
Schule plaudert sie gerne mit ihren
Freunden. Sie liebt lustige Geschichten
und isst am liebsten süße Kirschen. Susi ist sehr freundlich
und immer fröhlich.

 © Brigg Pädagogik Verlag, Augsburg

4 Zeichne Gegensätze dazu!

| rund | eckig | leicht | schwer | jung | alt | hoch | niedrig |

5 Beantworte diese Fragen!

Wie ist das Mädchen?   Das Mädchen ist jung.

Was ist hoch?   _____

Was ist niedrig?   _____

Wie ist der Bleistift?   _____

Wie ist der Würfel?   _____

Wer ist alt?   _____

6 Schreibe selbst Fragen auf! Dein Nachbar soll sie beantworten! *

Name: ▪▪▪▪▪▪▪▪▪▪▪▪▪▪▪▪▪▪▪▪▪▪▪▪▪▪▪

Wie ist dein Fahrrad?	

3

4 Zeichne Gegensätze dazu! *

| rund | eckig | leicht | schwer | jung | alt | hoch | niedrig |

5 Beantworte diese Fragen!

Wie ist das Mädchen?	Das Mädchen	ist	jung.
Was ist hoch?	Die Kirche	ist	hoch.
Was ist niedrig?	Der Zaun	ist	niedrig. *
Wie ist der Bleistift?	Der Bleistift	ist	leicht.
Wie ist der Würfel?	Der Würfel	ist	eckig.
Wer ist alt?	Die Großmutter	ist	alt. *

6 Schreibe selbst Fragen auf! Dein Nachbar soll sie beantworten!

Name: ....

Wie ist dein Fahrrad?	

© Brigg Pädagogik Verlag, Augsburg

Die Farben

7 Bemale die Bilder und schreibe Sätze ins Heft! Die Kirsche ist rot.

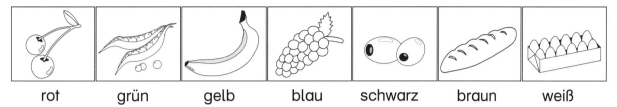

| rot | grün | gelb | blau | schwarz | braun | weiß |

8 Suche passende Wörter!

Was ist blau?

die Pflaume,

Was ist rot?

die Kirsche,

Was ist gelb?

die Sonne,

Merke!

Ein Adjektiv (Wiewort) kann vor einem Nomen (Namenwort) stehen!

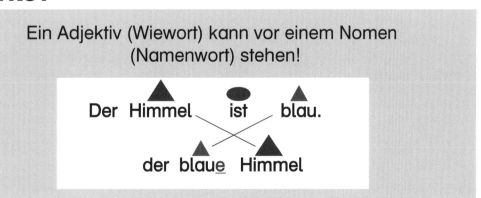

Der Himmel ist blau.

der blaue Himmel

9 Schreibe die Beispiele für die blaue Farbe aus Übung 8 so auf:

die blaue Pflaume, der blaue Himmel,

© Brigg Pädagogik Verlag, Augsburg

Die Farben

7 Bemale die Bilder und schreibe Sätze ins Heft: Die Kirsche ist rot.

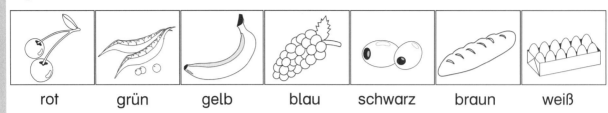

| rot | grün | gelb | blau | schwarz | braun | weiß |

8 Suche passende Wörter!

Was ist blau?

die Pflaume, der Himmel, das Meer die Weintraube

Was ist rot?

die Kirsche, das Herz, das Blut, die Rose

die Tulpe, der Fliegenpilz, der Filzstift

Was ist gelb?

die Sonne, der Mond, die Sonnenblume,

der Buntstift, die Banane, das Buch

Merke!

Ein Adjektiv (Wiewort) kann vor einem Nomen
(Namenwort) stehen!

Der Himmel   ist   blau.

der blau<u>e</u> Himmel

9 Schreibe die Beispiele für die blaue Farbe aus Übung 8 so auf:

die blaue Pflaume, der blaue Himmel, das blaue Meer,

der blaue Hefteinband, die blaue Weintraube

    © Brigg Pädagogik Verlag, Augsburg

10 Suche die Adjektive (Wiewörter) und schreibe so:

▲ ⬤ ▲   ▲ ▲

Der Mantel ist warm.   der warme Mantel

Die Frau ist schlank.   _____

Der Schuh ist teuer.   _____

Das Kleid ist modern.   _____

Das Gesicht ist rund.   _____

Der Pullover ist weich.   _____

Das Fahrrad ist kaputt.   _____

Der Mann ist fleißig.   _____

Das Hemd ist sauber.   _____

11 Findest du passende Eigenschaften? Schreibe Sätze ins Heft:

Beispiel: Das Zimmer ist schön, groß und hell.

groß

dick – dünn,   schnell – langsam,   eckig – rund,   neu – alt,
kalt – heiß,   schön – hässlich,   groß – klein,   süß – sauer,
hart – weich,   stark – schwach,   schwer – leicht,   teuer – billig

© Brigg Pädagogik Verlag, Augsburg

3 **10** Suche die Adjektive (Wiewörter) und schreibe so:

▲ ● ▲   ▲ ▲

Der Mantel ist warm.   der warme Mantel

Die Frau ist schlank.   die schlanke Frau

Der Schuh ist teuer.   der teure Schuh

Das Kleid ist modern.   das moderne Kleid

Das Gesicht ist rund.   das runde Gesicht

Der Pullover ist weich.   der weiche Pullover

Das Fahrrad ist kaputt.   das kaputte Fahrrad

Der Mann ist fleißig.   der fleißige Mann

Das Hemd ist sauber.   das saubere Hemd

11 Findest du passende Eigenschaften? Schreibe Sätze ins Heft:

Beispiel: Das Zimmer ist schön, groß und hell.

groß

stark

schwer *

schnell

teuer

alt *

eckig

weich

neu *

kalt

süß

billig *

dick – dünn,   schnell – langsam,   eckig – rund,   neu – alt,
kalt – heiß,   schön – hässlich,   groß – klein,   süß – sauer,
hart – weich,   stark – schwach,   schwer – leicht,   teuer – billig

     © Brigg Pädagogik Verlag, Augsburg

Merke!

Wenn ein Adjektiv (Wiewort) vor einem Nomen (Namenwort) steht (= Beifügung), verändert es sich.
Beachte die Artikel!

Einzahl:

der alte Baum
ein alt**er** Baum

die süße Kirsche
eine süß**e** Kirsche

das neue Telefon
ein neu**es** Telefon

Mehrzahl:

die reif**en** Melonen
reif**e** Melonen

---

12 Verbinde die passenden Wörter!   *Schreibe so:*

Messer   schnell

Sportauto   scharf

Zitrone   süß

Eis   rund

Birne   weiß

Kirschen   weich

Fußball   lang

Schneemann   sauer

Butter   reif

Schlauch   kalt

ein **scharfes** Messer

Merke!

Wenn ein Adjektiv (Wiewort) vor einem Nomen
(Namenwort) steht (= Beifügung), verändert es sich.
Beachte die Artikel!

Einzahl:

der	alte	Baum
<u>ein</u>	alt<u>er</u>	Baum

die	süße	Kirsche
<u>eine</u>	süß<u>e</u>	Kirsche

das	neue	Telefon
<u>ein</u>	neu<u>es</u>	Telefon

Mehrzahl:

<u>die</u>	reif<u>en</u>	Melonen
	reif<u>e</u>	Melonen

12 Verbinde die passenden Wörter!   *Schreibe so:*

Messer   schnell
Sportauto   scharf
Zitrone   süß
Eis   rund
Birne   weiß
Kirschen   weich
Fußball   lang
Schneemann sauer
Butter   reif
Schlauch   kalt

ein scharfes Messer

ein schnelles Sportauto

eine saure Zitrone

ein kaltes Eis

eine reife Birne

süße Kirschen

ein runder Fußball

ein weißer Schneemann

eine weiche Butter

ein langer Schlauch

© Brigg Pädagogik Verlag, Augsburg

13 Setze die richtigen Artikel (Begleiter) und Endungen ein!

bestimmter Artikel:			unbestimmter Artikel:		
das	____e	Kleid	ein	____es	Kleid
____ schön	____	Berg	____ schön	____	Berg
____	____	Rose	____	____	Rose

____	____	Vogel	____	____	Vogel
____ bunt	____	Haus	____ bunt	____	Haus
____	____	Tasche	____	____	Tasche

____	____	Bluse	____	____	Bluse
____ alt	____	Bild	____ alt	____	Bild
____	____	Schrank	____	____	Schrank

14 Bilde Sätze nach diesem Beispiel:

Der Kürbis	ist	groß.
Der große Kürbis	hat	ein Gesicht.

Der Apfel	ist	süß.	Der süße Apfel	hat	einen Wurm.
Die Kleider	sind	schön.			
Meine Katze	ist	rot.			
Die Schuhe	sind	neu.			
Ein Baby	ist	klein.			
Das Brot	ist	hart.			

3

13 Setze die richtigen Artikel (Begleiter) und Endungen ein!

bestimmter Artikel:		unbestimmter Artikel:	
das ___ ___e Kleid		ein ___ ___es Kleid	
der schön ___e Berg		ein schön ___er Berg	
die ___ ___e Rose		eine ___ ___e Rose	

der ___ ___e Vogel		ein ___ ___er Vogel	
das bunt ___e Haus		ein bunt ___es Haus	
die ___ ___e Tasche		eine ___ ___e Tasche	

die ___ ___e Bluse		eine ___ ___e Bluse	
das alt ___e Bild		ein alt ___es Bild	
der ___ ___e Schrank		ein ___ ___er Schrank	

14 Bilde Sätze nach diesem Beispiel: *

Der Kürbis	ist	groß.
Der große Kürbis	hat	ein Gesicht.

Der Apfel	ist	süß.	Der süße Apfel	hat	einen Wurm.
Die Kleider	sind	schön.	Die schönen Kleider haben Flecken.		
Meine Katze	ist	rot.	Meine rote Katze hat ein weiches Fell.		
Die Schuhe	sind	neu.	Die neuen Schuhe haben gute Sohlen.		
Ein Baby	ist	klein.	Ein kleines Baby hat viel Hunger.		
Das Brot	ist	hart.	Das harte Brot hat eine ungenießbare Rinde.		

© Brigg Pädagogik Verlag, Augsburg

Merke!

Hinweisende Pronomen (Fürwörter) stehen für einen Artikel (Begleiter). Sie zeigen auf etwas hin!

| dieser | – | diese | – | dieses | – | diese |

der	grüne	Mantel	die	grüne	Hose	das	grüne	Kleid
dieser	grüne	Mantel	diese	grüne	Hose	dieses	grüne	Kleid
ein	grüner	Mantel	eine	grüne	Hose	ein	grünes	Kleid

15 Suche Artikel (Begleiter) und hinweisende Pronomen (Fürwörter)!

saftig	– Orange	eine saftige Orange	diese saftige Orange
schön	– Traum		
breit	– Brett		
billig	– Sofa		
steil	– Treppe		
frisch	– Salat		

16 Schreibe das Gegenteil auf!

voll	– leer	sauber –	kalt	–
süß	–	schwer –	billig	–
lang	–	gesund –	böse	–
eckig	–	dunkel –	richtig	–

Merke!

3

Hinweisende Pronomen (Fürwörter) stehen für einen Artikel (Begleiter). Sie zeigen auf etwas hin!

dieser – diese – dieses – diese

der	grüne	Mantel		die	grüne	Hose		das	grüne	Kleid
dieser	grüne	Mantel		diese	grüne	Hose		dieses	grüne	Kleid
ein	grüner	Mantel		eine	grüne	Hose		ein	grünes	Kleid

15 Suche Artikel (Begleiter) und hinweisende Pronomen (Fürwörter)!

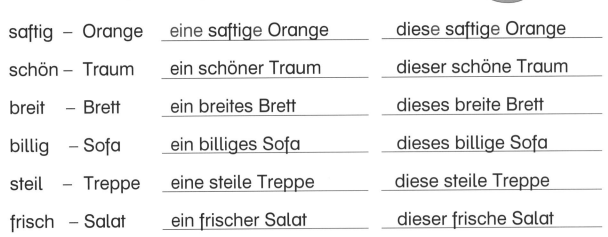

saftig – Orange	eine saftige Orange	diese saftige Orange
schön – Traum	ein schöner Traum	dieser schöne Traum
breit – Brett	ein breites Brett	dieses breite Brett
billig – Sofa	ein billiges Sofa	dieses billige Sofa
steil – Treppe	eine steile Treppe	diese steile Treppe
frisch – Salat	ein frischer Salat	dieser frische Salat

16 Schreibe das Gegenteil auf!

voll	–	leer	sauber	–	schmutzig	kalt	–	warm (heiß)
süß	–	sauer	schwer	–	leicht	billig	–	teuer
lang	–	kurz	gesund	–	krank	böse	–	brav
eckig	–	rund	dunkel	–	hell	richtig	–	falsch

 © Brigg Pädagogik Verlag, Augsburg

17 Suche passende Adjektive (Wiewörter) und bilde Sätze!

| Ein | roter | Apfel liegt |
| Dieser | rote | Apfel liegt |

18 Beschreibe dieses Bild und verwende Adjektive (Wiewörter)!

Fisch: klein, bunt   Kater: groß, dick   Glas: rund, groß

3

17 Suche passende Adjektive (Wiewörter) und bilde Sätze! *

| Ein | roter | Apfel liegt im Korb. |
| Dieser | rote | Apfel liegt im Korb. |

| Ein | gelber | Paprika liegt auf dem Teller. |
| Dieser | gelbe | Paprika liegt auf dem Teller. |

| Ein | rotes | Paket steht auf dem Stuhl. |
| Dieses | rote | Paket steht auf dem Stuhl. |

| Die | frischen | Pilze sind in der Schachtel. |
| Diese | frischen | Pilze sind in der Schachtel. |

| Die | grünen | Flaschen stehen auf dem Tisch. |
| Diese | grünen | Flaschen stehen auf dem Tisch. |

18 Beschreibe dieses Bild und verwende Adjektive (Wiewörter)!

| *Beispiel:* |
| Ein kleiner, bunter Fisch schwimmt in einem großen Glas. Ein dicker Kater sieht den Fisch im Wasser. Er will ihn fangen. |

Fisch: klein, bunt   Kater: groß, dick   Glas: rund, groß

                    © Brigg Pädagogik Verlag, Augsburg

19 Kannst du mit diesen Wörtern Sätze bilden?

Schwan – stolz – schwimmen – Teich

Der stolze Schwan

Hund – schwarz – heißen – Rex

mein – Fahrrad – neu – fahren – schnell

Anorak – blau – gehören – mir

Mädchen – klein – schaukeln – Garten

Großvater – krank – liegen – Bett

20 Lies diesen Text!
Setze die fehlenden Endungen ein und suche die Adjektive (Wiewörter)!

Der Elefant

Der Elefant ist ein groß___ und stark___ Tier. Er kann vier Meter hoch werden. Er hat schön___, weiß___ Stoßzähne und eine dick___, graue___ Haut. Sein dünn___ Schwanz ist lang. Er hat klein___ Augen. Der Elefant kann Bäume tragen oder Autos ziehen. Sein lang___ Rüssel ist sehr kräftig. Der Elefant kann auch schnell laufen. Er ist ein nützlich___ Tier.

3 **19** Kannst du mit diesen Wörtern Sätze bilden?

Schwan – stolz – schwimmen – Teich

Der stolze Schwan schwimmt im Teich.

Hund – schwarz – heißen –Rex

Der schwarze Hund heißt Rex.

mein – Fahrrad – neu – fahren – schnell

Mein neues Fahrrad fährt schnell.

Anorak –blau – gehören – mir

Der blaue Anorak gehört mir.

Mädchen – klein – schaukeln – Garten

Die kleinen Mädchen schaukeln im Garten.

Großvater – krank – liegen – Bett

Der kranke Großvater liegt im Bett.

20 Lies diesen Text!
Setze die fehlenden Endungen ein und suche die Adjektive (Wiewörter)!

Der Elefant

Der Elefant ist ein groß_es_ und stark_es_ Tier. Er kann vier Meter hoch werden. Er hat schön_e_, weiß_e_ Stoßzähne und eine dick_e_, grau_e_ Haut. Sein dünn_er_ Schwanz ist lang. Er hat klein_e_ Augen. Der Elefant kann Bäume tragen oder Autos ziehen. Sein lang_er_ Rüssel ist sehr kräftig. Der Elefant kann auch schnell laufen. Er ist ein nützlich_es_ Tier.

 © Brigg Pädagogik Verlag, Augsburg

21 Kannst du diese Fragen zum Lesetext richtig beantworten?

Wie ist der Elefant?

Was hat er?

Wie ist sein Schwanz?

Was kann der Elefant?

Hat der Elefant große Augen?

Wie ist sein Rüssel?

22 Schreibe Fragen zu diesen Sätzen und suche die Adjektive (Wiewörter)!

Die Schnecke ist langsam.

Wie ist die Schnecke?

Der Urlaub ist kurz.

Der Kaffee ist bitter.

Der Film ist spannend.

Die Tinte ist blau.

Der Winter ist kalt.

Das Buch ist langweilig.

Die Schüler sind fleißig.

3

21 Kannst du diese Fragen zum Lesetext richtig beantworten?

Wie ist der Elefant?

Der Elefant ist groß und stark.

Was hat er?

Er hat schöne , weiße Stoßzähne und dicke, graue Haut.

Wie ist sein Schwanz?

Sein Schwanz ist lang und dünn.

Was kann der Elefant?

Er kann Bäume tragen.

Hat der Elefant große Augen?

Nein, der Elefant hat kleine Augen.

Wie ist sein Rüssel?

Sein Rüssel ist lang.

22 Schreibe Fragen zu diesen Sätzen und suche die Adjektive (Wiewörter)!

Die Schnecke ist <u>langsam</u>.	Wie ist die Schnecke?
<u>Der Urlaub</u> ist kurz.	Was ist kurz?
Der Kaffee ist <u>bitter</u>.	Wie ist der Kaffee?
Der Film ist <u>spannend</u>.	Wie ist der Film?
<u>Die Tinte</u> ist blau.	Was ist blau?
Der Winter ist <u>kalt</u>.	Wie ist der Winter?
<u>Das Buch</u> ist langweilig.	Was ist langweilig?
<u>Die Schüler</u> sind fleißig.	Wer ist fleißig?

© Brigg Pädagogik Verlag, Augsburg

23 Setze die Adjektive (Wiewörter) mit den richtigen Endungen ein!

Ein	großes	Krokodil lebt im Fluss.	(groß)
Dieser		Anzug hat ein Loch.	(grau)
Eine		Schachtel steht am Boden.	(leer)
Ein		Paket bringt der Briefträger.	(schwer)
Die		Schrauben liegen in der Schublade.	(klein)
Ein		Kasten steht neben dem Bett.	(alt)
Der		Topf steht auf dem Herd.	(schwarz)
Ein		Spiegel hängt im Bad.	(neu)
Die		Sterne stehen am Himmel.	(hell)
Dieser		Weg führt in das Dorf.	(lang)

24 Kannst du dieses Rätsel lösen? Suche die Adjektive (Wiewörter)!

Welches Tier ist das?

Das Tier lebt in der Wiese.

Es wohnt in langen Gängen unter der Erde.

Es kann nicht fliegen, aber sehr schnell laufen.

Es ist braun und hat vier kurze Beine.

Der Schwanz ist lang und dünn.

Mit seinen kleinen, spitzen Ohren kann es gut hören.

Das Tier frisst am liebsten Wurzeln und Gemüse.

Bauern und Gärtner ärgern sich oft über dieses kleine Tier.

Es ist

3

23 Setze die Adjektive (Wiewörter) mit den richtigen Endungen ein!

Ein	**großes**	Krokodil lebt im Fluss.	(groß)
Dieser	**graue**	Anzug hat ein Loch.	(grau)
Eine	**leere**	Schachtel steht am Boden.	(leer)
Ein	**schweres**	Paket bringt der Briefträger.	(schwer)
Die	**kleinen**	Schrauben liegen in der Schublade.	(klein)
Ein	**alter**	Kasten steht neben dem Bett.	(alt)
Der	**schwarze**	Topf steht auf dem Herd.	(schwarz)
Ein	**neuer**	Spiegel hängt im Bad.	(neu)
Die	**hellen**	Sterne stehen am Himmel.	(hell)
Dieser	**lange**	Weg führt in das Dorf.	(lang)

24 Kannst du dieses Rätsel lösen? Suche die Adjektive (Wiewörter)!

Welches Tier ist das?

Das Tier lebt in der Wiese.

Es wohnt in langen Gängen unter der Erde.

Es kann nicht fliegen, aber sehr schnell laufen.

Es ist braun und hat vier kurze Beine.

Der Schwanz ist lang und dünn.

Mit seinen kleinen, spitzen Ohren kann es gut hören.

Das Tier frisst am liebsten Wurzeln und Gemüse.

Bauern und Gärtner ärgern sich oft über dieses kleine Tier.

Es ist die Wühlmaus.

© Brigg Pädagogik Verlag, Augsburg

Merke!

Wenn sich ein Adjektiv (Wiewort) auf ein Verb (Tunwort)
bezieht, verändert es sich **nicht**.

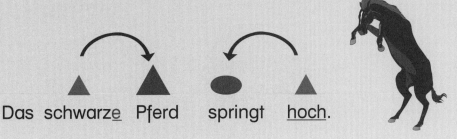

Das schwarz<u>e</u> Pferd   springt   <u>hoch</u>.

25 Unterstreiche die Adjektive (Wiewörter) und zeichne Pfeile!

Der <u>schwarze</u> Hund verfolgt eine kleine Katze.

Der kleine Hase läuft schnell durch den Wald.

Der alte Mann sitzt vor seinem kleinen Haus.

Die bunten Blätter fallen langsam vom Baum.

Mein kleiner Bruder sieht gerne lustige Filme.

26 Suche Verben (Tunwörter) und Adjektive (Wiewörter)
und bilde selbst fünf Sätze!

Gabi schreibt <u>sauber</u> im Heft.

Karl springt hoch über den Zaun.

Tom liegt faul in der Sonne.

Das Auto fährt langsam bergauf.

Eva liegt müde auf dem Sofa.

3

Merke!

Wenn sich ein Adjektiv (Wiewort) auf ein Verb (Tunwort) **bezieht**, verändert es sich **nicht**.

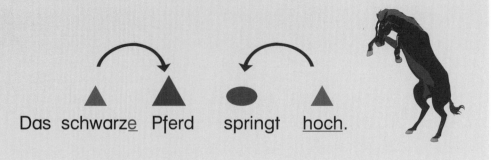

Das schwarz<u>e</u> Pferd   springt   <u>hoch</u>.

25 Unterstreiche die Adjektive (Wiewörter) und zeichne Pfeile!

Der <u>schwarze</u> Hund verfolgt eine <u>kleine</u> Katze.

Der <u>kleine</u> Hase läuft <u>schnell</u> durch den Wald.

Der <u>alte</u> Mann sitzt vor seinem <u>kleinen</u> Haus.

Die <u>bunten</u> Blätter fallen <u>langsam</u> vom Baum.

Mein <u>kleiner</u> Bruder sieht gerne <u>lustige</u> Filme.

26 Suche Verben (Tunwörter) und Adjektive (Wiewörter) und bilde selbst fünf Sätze! *

Gabi schreibt <u>sauber</u> im Heft.

Karl springt <u>hoch</u> über den Zaun.

Tom liegt <u>faul</u> in der Sonne.

Das Auto fährt <u>langsam</u> bergauf.

Eva liegt <u>müde</u> auf dem Sofa.

Eine Schnecke kriecht langsam.
Das Pferd steht ruhig auf der Weide.
Das Haus steht schief.
Maria liest interessiert in einem Buch.
Der Löwe kommt langsam näher.

© Brigg Pädagogik Verlag, Augsburg

Merke!

Viele Adjektive (Wiewörter) kann man steigern:

groß	größer	① am größten ② größte

Der Löwe ist **groß**.

Das Nashorn ist **größer**.

Die Giraffe ist **am größten**.

Steigerungsformen :

① Die Giraffe ist am größten.

② Das größte Tier ist die Giraffe.

---

27 Ergänze diese Steigerungsstufen!

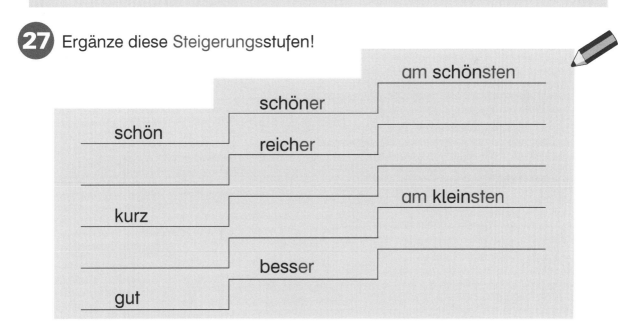

am schönsten

schöner

schön

reicher

_____

_____

am kleinsten

kurz

_____

besser

gut

---

28 Streiche die Wörter durch, die man nicht steigern kann!

tot	teuer	blind	schlau	hell
rund	schwer	rot	falsch	heiß
kalt	kaputt	gesund	gut	dick

© Brigg Pädagogik Verlag, Augsburg

Merke!

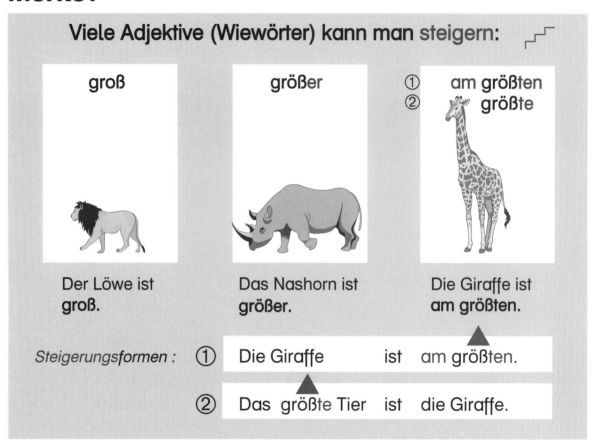

Viele Adjektive (Wiewörter) kann man steigern:

groß	größer	① am größten ② größte

Der Löwe ist **groß**.
Das Nashorn ist **größer**.
Die Giraffe ist **am größten**.

Steigerungsformen :
① Die Giraffe ist am größten.
② Das größte Tier ist die Giraffe.

27 Ergänze diese Steigerungsstufen!

schön	schöner	am schönsten
reich	reicher	am reichsten
kurz	kürzer	am kürzesten
klein	kleiner	am kleinsten
gut	besser	am besten

28 Streiche die Wörter durch, die man nicht steigern kann!

~~tot~~	teuer	~~blind~~	schlau	hell
~~rund~~	schwer	~~rot~~	~~falsch~~	heiß
kalt	~~kaputt~~	gesund	gut	dick

© Brigg Pädagogik Verlag, Augsburg

29 Schreibe Sätze zu den Bildern!

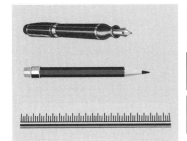

| Die Füllfeder | ist | ▲ lang. |

| |

| |

| Der Hase | läuft | ▲ schnell. |

| |

| |

| Die Biene | fliegt | ▲ weit. |

| |

| |

30 Übe!

eine billige Hose	ein dicker Mann	ein neues Haus
eine billigere Hose		
die billigste Hose		

31 Schreibe Sätze mit beiden Steigerungsstufen ins Heft!

langsam:	hell:	teuer:	hoch:
die Schnecke	die Kerze	das Auto	der Baum
der Käfer	die Sonne	das Fahrrad	der Berg
der Igel	die Lampe	das Haus	die Kirche

3

3 **29** Schreibe Sätze zu den Bildern!

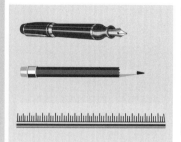

Die Füllfeder	ist	lang.
Der Bleistift	ist	länger.
Das Lineal	ist	am längsten.

Der Hase	läuft	schnell.
Der Hund	läuft	schneller.
Das Pferd	läuft	am schnellsten.

Die Biene	fliegt	weit.
Der Adler	fliegt	weiter.
Das Flugzeug	fliegt	am weitesten.

30 Übe!

eine billige Hose	ein dicker Mann	ein neues Haus
eine billigere Hose	ein dickerer Mann	ein neueres Haus
die billigste Hose	der dickste Mann	das neueste Haus

31 Schreibe Sätze mit beiden Steigerungsstufen ins Heft!

langsam:	hell:	teuer:	hoch:
die Schnecke	die Kerze	das Auto	der Baum
der Käfer	die Sonne	das Fahrrad	der Berg
der Igel	die Lampe	das Haus	die Kirche

© Brigg Pädagogik Verlag, Augsburg

Gib acht!

regelmäßig			unregelmäßig		
			alt	älter	am ältesten
			kalt	kälter	am kältesten
			hart	härter	am härtesten
			kurz	kürzer	am kürzesten
klein	kleiner	am kleinsten	groß	größer	am größten
wenig	weniger	am wenigsten	warm	wärmer	am wärmsten
leicht	leichter	am leichtesten	hoch	höher	am höchsten
teuer	teurer	(!) am teuersten	gut	besser	am besten
sauer	saurer	(!) am sauersten	viel	mehr	am meisten
dunkel	dunkler	(!) am dunkelsten	gern	lieber	am liebsten

32 Kreuze eine Antwort an und schreibe Sätze ins Heft!

Welches Land ist am größten?
- [ ] Italien
- [ ] Österreich
- [ ] Australien

Welche Frucht schmeckt dir am besten?
- [ ] Apfel
- [ ] Orange
- [ ] Banane

Welcher Monat ist am heißesten?
- [ ] März
- [ ] Juli
- [ ] September

33 Kannst du richtig ergänzen?

Ich trinke gerne Wasser. Fruchtsaft trinke ich _____.

Äpfel schmecken mir gut. Birnen schmecken mir_____.

Nach Wien ist es weit. Nach Paris ist es _____.

Das Fahrrad fährt schnell. Das Auto fährt _____.

Ich esse viel Gemüse. Obst esse ich aber _____.

Gib acht!

3

regelmäßig			unregelmäßig		
			alt	älter	am ältesten
			kalt	kälter	am kältesten
			hart	härter	am härtesten
			kurz	kürzer	am kürzesten
klein	kleiner	am kleinsten	groß	größer	am größten
wenig	weniger	am wenigsten	warm	wärmer	am wärmsten
leicht	leichter	am leichtesten	hoch	höher	am höchsten
teuer	teurer (!)	am teuersten	gut	besser	am besten
sauer	saurer (!)	am sauersten	viel	mehr	am meisten
dunkel	dunkler (!)	am dunkelsten	gern	lieber	am liebsten

32 Kreuze eine Antwort an und schreibe Sätze ins Heft! *

▲
Welches Land ist am größten?

☐ Italien
☐ Österreich
☒ Australien

▲
Welche Frucht schmeckt dir am besten?

☐ Apfel
☐ Orange
☐ Banane

▲
Welcher Monat ist am heißesten?

☐ März
☒ Juli
☐ September

33 Kannst du richtig ergänzen?

	▲
Ich trinke gerne Wasser.	Fruchtsaft trinke ich ___lieber___.
Äpfel schmecken mir gut.	Birnen schmecken mir ___besser___.
Nach Wien ist es weit.	Nach Paris ist es ___weiter___.
Das Fahrrad fährt schnell.	Das Auto fährt ___schneller___.
Ich esse viel Gemüse.	Obst esse ich aber ___mehr___.

   © Brigg Pädagogik Verlag, Augsburg

Merke!

Mit Adjektiven (Wiewörtern) kann man vergleichen:

ungleich   **gleich**

als   wie

Eva   Tom   Hans   Tom

Eva ist **klein<u>er</u>** als Tom.	Hans ist **so groß** wie Tom.
Tom ist **größ<u>er</u>** als Eva.	Tom ist **so groß** wie Paul.

---

34 Vergleiche und bilde Sätze!

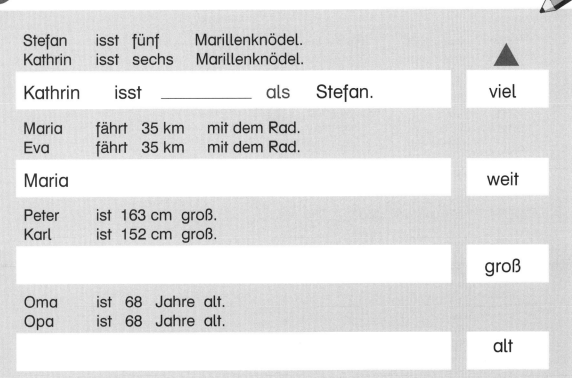

Stefan   isst   fünf   Marillenknödel.
Kathrin   isst   sechs   Marillenknödel.

Kathrin   isst   _____ als   Stefan. | viel |

Maria   fährt   35 km   mit dem Rad.
Eva   fährt   35 km   mit dem Rad.

Maria | weit |

Peter   ist 163 cm groß.
Karl   ist 152 cm groß.

  | groß |

Oma   ist   68   Jahre alt.
Opa   ist   68   Jahre alt.

  | alt |

© Brigg Pädagogik Verlag, Augsburg

Merke!

3

Mit Adjektiven (Wiewörtern) kann man vergleichen:

ungleich   **gleich**

   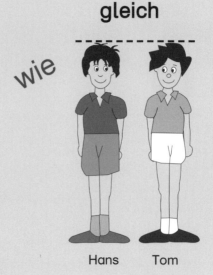

Eva   Tom   Hans   Tom

| Eva ist **kleiner** als Tom. | Hans ist **so groß** wie Tom. |
| Tom ist **größer** als Eva. | Tom ist **so groß** wie Paul. |

34 Vergleiche und bilde Sätze!

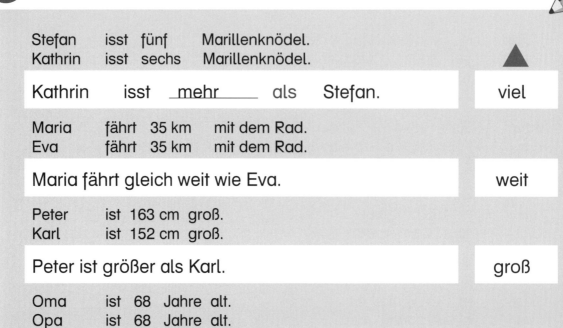

Stefan   isst   fünf   Marillenknödel.
Kathrin   isst   sechs   Marillenknödel.

Kathrin   isst   _mehr_   als   Stefan.   viel

Maria   fährt   35 km   mit dem Rad.
Eva   fährt   35 km   mit dem Rad.

Maria fährt gleich weit wie Eva.   weit

Peter   ist 163 cm   groß.
Karl   ist 152 cm   groß.

Peter ist größer als Karl.   groß

Oma   ist   68   Jahre alt.
Opa   ist   68   Jahre alt.

Oma und Opa sind gleich alt. *   alt

   © Brigg Pädagogik Verlag, Augsburg

35 Ergänze die Tabellen und schreibe Sätze ins Heft!

	alt	
	jung	
	gut	
so	schlecht	**wie**

	größer	
	jünger	
	besser	
	schlechter	**als**

36 Vergleiche und bilde Sätze!

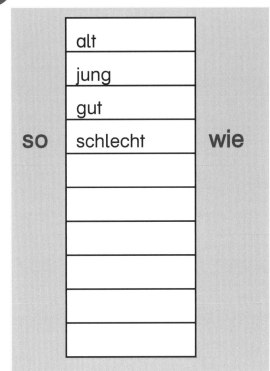

Eva
11 Jahre alt
147 cm groß
42 kg schwer

Tom
13 Jahre alt
154 cm groß
46 kg schwer

Eva ist

Tom ist

© Brigg Pädagogik Verlag, Augsburg

3 **35** Ergänze die Tabellen und schreibe Sätze ins Heft! *

	alt		
	jung		
	gut		
so	schlecht	**wie**	
	bitter		
	süß		
	eckig		
	rund		
	groß		
	klein		

größer		
jünger		
besser		
schlechter	**als**	
älter		
schwerer		
genauer		
weicher		
gefährlicher		
buntere		

36 Vergleiche und bilde Sätze!

Eva
11 Jahre alt
147 cm groß
42 kg schwer

Tom
13 Jahre alt
154 cm groß
46 kg schwer

Eva ist jünger als Tom.
Eva ist kleiner als Tom.
Eva ist leichter als Tom.

Tom ist älter als Eva.
Tom ist größer als Eva.
Tom ist schwerer als Eva.

© Brigg Pädagogik Verlag, Augsburg

Merke!

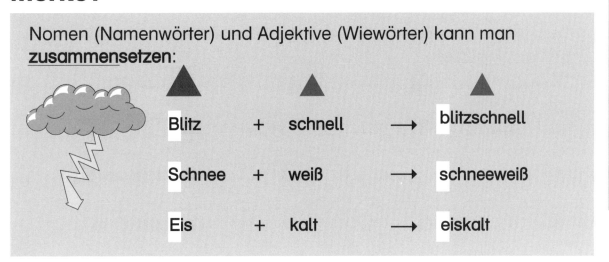

Nomen (Namenwörter) und Adjektive (Wiewörter) kann man **zusammensetzen**:

Blitz	+	schnell	→	blitzschnell
Schnee	+	weiß	→	schneeweiß
Eis	+	kalt	→	eiskalt

37 Bilde zusammengesetzte Adjektive (Wiewörter)! Achte auf die Kleinschreibung!

Blut	Spiegel
Bild	
Butter	Zucker
Tod	
Stein	Feder

süß	weich
hübsch	
sicher	hart
rot	
leicht	glatt

blutrot			

38 Suche die zusammengesetzten Adjektive (Wiewörter)!

Die Schule ist aus. Hannes läuft blitzschnell nach Hause. Sein Vater wartet schon. Sie möchten gemeinsam baden gehen. Es ist ein wunderschöner Tag. Der Himmel ist tiefblau. Hannes und sein Vater fahren zu einem kleinen See. Als Hannes aus dem Auto aussteigt, ist der Himmel schon dunkelgrau bewölkt. Trotzdem nehmen sie die Badesachen und gehen zum Wasser. Der Strand ist menschenleer. Plötzlich bläst ein starker Wind. Auf einmal fallen schwere Regentropfen vom Himmel. Hannes und sein Vater laufen schnell zum Auto zurück. Ein heftiges Gewitter beginnt.

Merke!

3

Nomen (Namenwörter) und Adjektive (Wiewörter) kann man **zusammensetzen**:

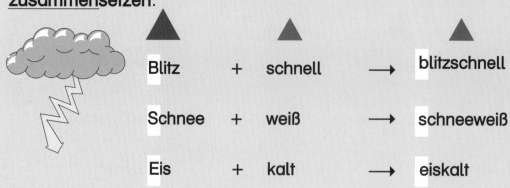

Blitz	+ schnell	⟶	**blitzschnell**
Schnee	+ weiß	⟶	**schneeweiß**
Eis	+ kalt	⟶	**eiskalt**

37 Bilde zusammengesetzte Adjektive (Wiewörter)! Achte auf die Kleinschreibung!

Blut	Spiegel
Bild	
Butter	Zucker
Tod	
Stein	Feder

süß	weich
hübsch	
sicher	hart
rot	
leicht	glatt

blutrot	spiegelglatt	bildhübsch	butterweich
zuckersüß	todsicher	steinhart	federleicht

38 Suche die zusammengesetzten Adjektive (Wiewörter)!

Die Schule ist aus. Hannes läuft blitzschnell nach Hause. Sein Vater wartet schon. Sie möchten gemeinsam baden gehen. Es ist ein wunderschöner Tag. Der Himmel ist tiefblau. Hannes und sein Vater fahren zu einem kleinen See. Als Hannes aus dem Auto aussteigt, ist der Himmel schon dunkelgrau bewölkt. Trotzdem nehmen sie die Badesachen und gehen zum Wasser. Der Strand ist menschenleer. Plötzlich bläst ein starker Wind. Auf einmal fallen schwere Regentropfen vom Himmel. Hannes und sein Vater laufen schnell zum Auto zurück. Ein heftiges Gewitter beginnt.

 © Brigg Pädagogik Verlag, Augsburg

Merke!

Aus einigen Nomen (Namenwörter) kann man Adjektive (Wiewörter) machen:

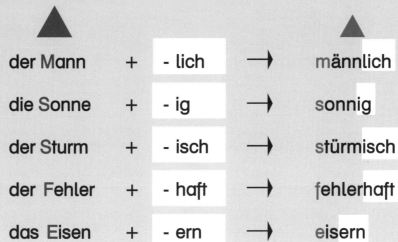

der Mann	+	- lich →	männlich
die Sonne	+	- ig →	sonnig
der Sturm	+	- isch →	stürmisch
der Fehler	+	- haft →	fehlerhaft
das Eisen	+	- ern →	eisern

39 Mache aus Nomen (Namenwörter) Adjektive (Wiewörter)!

- lich

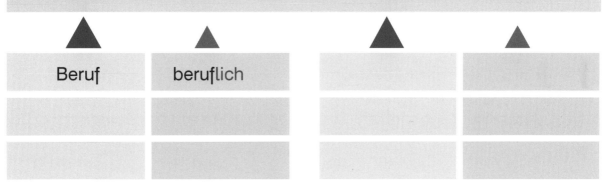

der Beruf, die Angst, der Tag, das Jahr, das Kind, der Freund

Beruf | beruflich

- ig

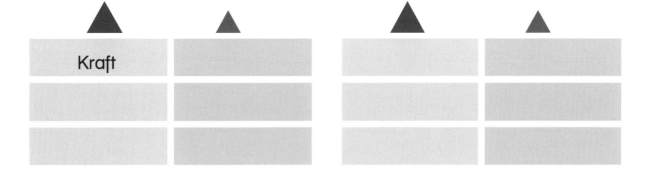

die Kraft, die Farbe, der Zorn, der Nebel, der Wurm, die Lust

Kraft

Merke!

3

Aus einigen Nomen (Namenwörter) kann man Adjektive (Wiewörter) machen:

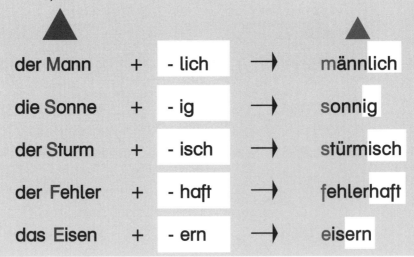

der Mann	+	- lich	→	männlich
die Sonne	+	- ig	→	sonnig
der Sturm	+	- isch	→	stürmisch
der Fehler	+	- haft	→	fehlerhaft
das Eisen	+	- ern	→	eisern

39 Mache aus Nomen (Namenwörter) Adjektive (Wiewörter)!

- lich

der Beruf, die Angst, der Tag, das Jahr, das Kind, der Freund

Beruf	beruflich	Jahr	jährlich
Angst	ängstlich	Kind	kindlich
Tag	täglich	Freund	freundlich

- ig

die Kraft, die Farbe, der Zorn, der Nebel, der Wurm, die Lust

Kraft	kräftig	Nebel	nebelig
Farbe	farbig	Wurm	wurmig
Zorn	zornig	Lust	lustig

                    © Brigg Pädagogik Verlag, Augsburg

40 Kannst du diese Adjektive (Wiewörter) richtig einsetzen?

3

① Ich gehe ____vorsichtig____ über die Straße.

Patrick sieht einen _____ Film.

Das Meerwasser ist sehr _____.

② Er sieht einen _____ Unfall.

Im Gebirge hat man einen _____ Ausblick.

Andrea macht ihre Arbeit _____.

③ Das _____ Mädchen geht täglich zu Fuß.

Kathrin streichelt _____ ihre Katze.

Im Wohnzimmer ist es sehr _____.

④ Das _____ Wetter hört nicht auf.

In den Bergen ist es oft _____.

Die _____ Sprache ist nicht schwierig.

① salzig	② gewissenhaft	③ zärtlich	④ stürmisch
vorsichtig	traumhaft	sportlich	regnerisch
lustig	grauenhaft	gemütlich	englisch

41 Wie ist das Wetter heute?

3

40 Kannst du diese Adjektive (Wiewörter) richtig einsetzen?

① Ich gehe ___vorsichtig___ über die Straße.

Patrick sieht einen ___lustigen___ Film.

Das Meerwasser ist sehr ___salzig___.

② Er sieht einen ___grauenhaften___ Unfall.

Im Gebirge hat man einen ___traumhaften___ Ausblick.

Andrea macht ihre Arbeit ___gewissenhaft___.

③ Das ___sportliche___ Mädchen geht täglich zu Fuß.

Kathrin streichelt ___zärtlich___ ihre Katze.

Im Wohnzimmer ist es sehr ___gemütlich___.

④ Das ___regnerische *___ Wetter hört nicht auf.

In den Bergen ist es oft ___stürmisch *___.

Die ___englische___ Sprache ist nicht schwierig.

① salzig	② gewissenhaft	③ zärtlich	④ stürmisch
vorsichtig	traumhaft	sportlich	regnerisch
lustig	grauenhaft	gemütlich	englisch

41 Wie ist das Wetter heute? *

Heute ist das Wetter sehr sonnig. Es
ist nicht wolkig. Am Morgen war es
aber sehr neblig.

   © Brigg Pädagogik Verlag, Augsburg

Merke!

Einige Wörter bilden mit **un-** oder **-los** eine Verneinung!

Das Buch ist **nicht** interessant.	Seine Mappe ist **ohne** Form.
Das Buch ist **un**interessant.	Seine Mappe ist form**los**.

42 Wie lautet die Verneinung?

un-

gefährlich, möglich, genau, ruhig, ehrlich, pünktlich

▲ ▲ ▲ ▲

gefährlich	ungefährlich		

-los

Arbeit, Sprache, Hilfe, Name, Leben, Lust

▲ ▲ ▲ ▲

Arbeit	→ arbeitslos		

Merke!

3

Einige Wörter bilden mit $\boxed{\text{un-}}$ oder $\boxed{\text{-los}}$ eine Verneinung!

Das Buch ist **nicht** interessant.	Seine Mappe ist **ohne** Form.
Das Buch ist uninteressant.	Seine Mappe ist formlos.

42 Wie lautet die Verneinung?

$\boxed{\text{un-}}$

gefährlich, möglich, genau, ruhig, ehrlich, pünktlich

▲ ▲ ▲ ▲

gefährlich	ungefährlich	ruhig	unruhig
möglich	unmöglich	ehrlich	unehrlich
genau	ungenau	pünktlich	unpünktlich

$\boxed{\text{-los}}$

Arbeit, Sprache, Hilfe, Name, Leben, Lust

▲ ▲ ▲ ▲

Arbeit	arbeitslos	Name	namenlos
Sprache	sprachlos	Leben	leblos
Hilfe	hilflos	Lust	lustlos

   © Brigg Pädagogik Verlag, Augsburg

Merke!

(Wiewörter) (Begleiter)

Adjektive werden mit dem Artikel **das**
zu Nomen (Namenwörter)!

(Bezieht sich das Adjektiv (Wiewort) auf eine Person, so kann auch der, die stehen: die Kranke.)

schön	+ das	→	das Schöne
gut	+ das	→	das Gute
grün	+ das	→	das Grün

43 Verwandle die Adjektive (Wiewörter) in Nomen (Namenwörter)!

neu	→	das N		blau	→	
böse	→			rot	→	
fremd	→			grau	→	
alt	→			schwarz	→	

44 Verbinde die Satzteile und schreibe die Sätze ins Heft!

Die Kranke	kann nicht sehen.
Das Blau	fragt nach dem Weg.
Das Grün	muss im Bett bleiben.
Der Blinde	der Wiesen ist frisch.
Das Schöne	des Himmels ist leuchtend.
Die Fremde	versteht die Gebärdensprache.
Der Gehörlose	an dieser Landschaft sind die Berge.

3 Merke!

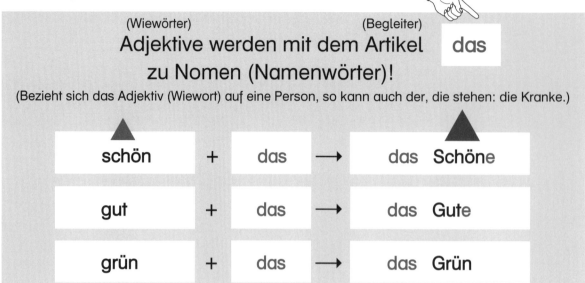

(Wiewörter)   (Begleiter)

Adjektive werden mit dem Artikel das
zu Nomen (Namenwörter)!

(Bezieht sich das Adjektiv (Wiewort) auf eine Person, so kann auch der, die stehen: die Kranke.)

schön	+	das	→	das Schöne
gut	+	das	→	das Gute
grün	+	das	→	das Grün

43 Verwandle die Adjektive (Wiewörter) in Nomen (Namenwörter)!

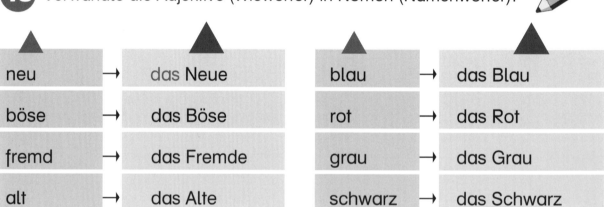

neu	→	das Neue		blau	→	das Blau
böse	→	das Böse		rot	→	das Rot
fremd	→	das Fremde		grau	→	das Grau
alt	→	das Alte		schwarz	→	das Schwarz

44 Verbinde die Satzteile und schreibe die Sätze ins Heft!

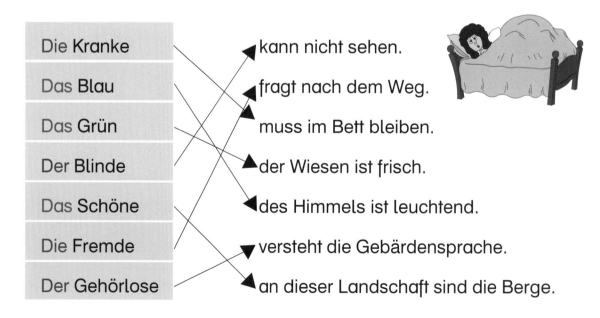

Die Kranke	kann nicht sehen.
Das Blau	fragt nach dem Weg.
Das Grün	muss im Bett bleiben.
Der Blinde	der Wiesen ist frisch.
Das Schöne	des Himmels ist leuchtend.
Die Fremde	versteht die Gebärdensprache.
Der Gehörlose	an dieser Landschaft sind die Berge.

© Brigg Pädagogik Verlag, Augsburg

Einzahl und Mehrzahl

1 Ordne zu und schreibe die **Einzahl** mit Artikel (Begleiter) auf!

der Bleistift ◯	die Bleistifte
◯	die Löffel
◯	die Schuhe
◯	die Bananen
◯	die Würfel
◯	die Mappen
◯	die Blumentöpfe
◯	die Flaschen
◯	die Pakete

Einzahl und Mehrzahl

1 Ordne zu und schreibe die **Einzahl** mit Artikel (Begleiter) auf!

Einzahl	Nr.	Mehrzahl
der Bleistift	1	die Bleistifte
der Löffel	6	die Löffel
der Schuh	5	die Schuhe
die Banane	4	die Bananen
der Würfel	9	die Würfel
die Mappe	2	die Mappen
der Blumentopf	3	die Blumentöpfe
die Flasche	7	die Flaschen
das Paket	8	die Pakete

© Brigg Pädagogik Verlag, Augsburg

Merke!

Nur Nomen (Namenwörter) können in der **Mehrzahl** stehen!

Einzahl 	Mehrzahl 

der
ein
> Apfel

die
viele
> Äpfel

2 Suche die Mehrzahl im Wörterbuch!

das Blatt

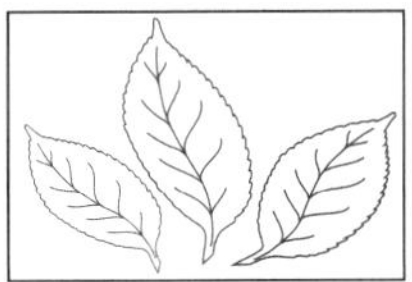

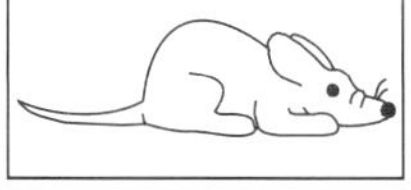

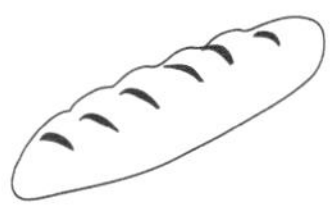

Merke!

4

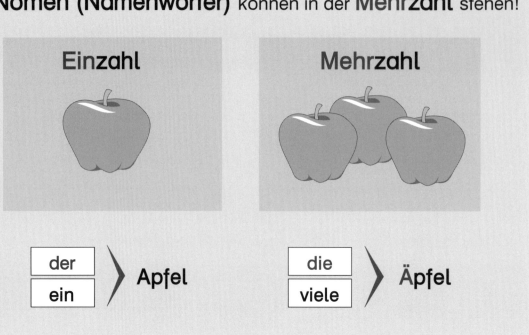

Nur **Nomen (Namenwörter)** können in der **Mehrzahl** stehen!

Einzahl	Mehrzahl

der / ein 〉 Apfel

die / viele 〉 Äpfel

2 Suche die Mehrzahl im Wörterbuch!

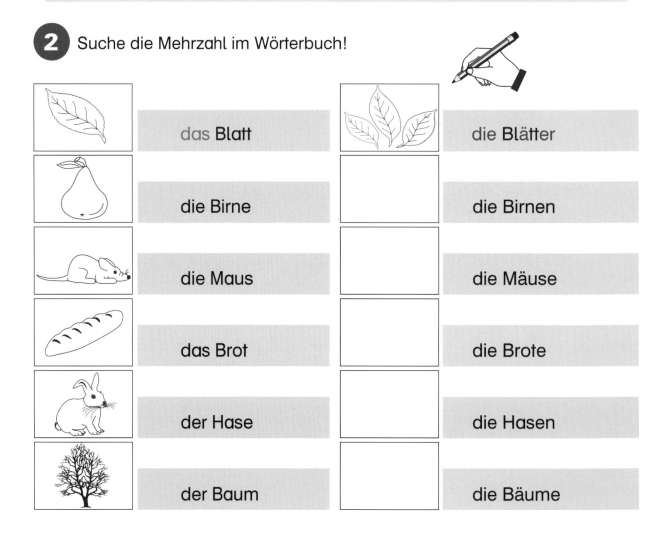

	das Blatt		die Blätter
	die Birne		die Birnen
	die Maus		die Mäuse
	das Brot		die Brote
	der Hase		die Hasen
	der Baum		die Bäume

    © Brigg Pädagogik Verlag, Augsburg

Merke!

Nomen (Namenwörter) verändern sich in der **Mehrzahl**.
Es gibt <u>verschiedene</u> **Mehrzahl**formen.
Der **Artikel** (Begleiter) heißt immer **die**!

Einzahl				Mehrzahl
Brot	+	**e**	=	die Brote
Hase	+	**n**	=	die Hasen
Schere	+	**en**	=	die Scheren
Kind	+	**er**	=	die Kinder
Auto	+	**s**	=	die Autos
Bruder	+	**ü**	=	die Brüder
Lehrer	+	**/**	=	die Lehrer

3 Ergänze die Mehrzahl!

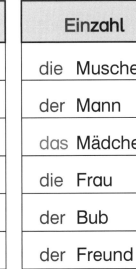

Einzahl	Mehrzahl
das Buch	die Bücher
das Bett	
die Blume	
der Hund	
das Haus	
die Katze	

Einzahl	Mehrzahl
die Muschel	
der Mann	
das Mädchen	
die Frau	
der Bub	
der Freund	

Merke!

Nomen (Namenwörter) verändern sich in der **Mehrzahl**.
Es gibt **verschiedene Mehrzahlformen**.
Der **Artikel** (Begleiter) heißt immer **die**!

Einzahl				Mehrzahl
Brot	+	**e**	=	die Brote
Hase	+	**n**	=	die Hasen
Schere	+	**en**	=	die Scheren
Kind	+	**er**	=	die Kinder
Auto	+	**s**	=	die Autos
Bruder	+	**ü**	=	die Brüder
Lehrer	+	/	=	die Lehrer

3 Ergänze die Mehrzahl!

Einzahl	Mehrzahl
das Buch	die Bücher
das Bett	die Betten
die Blume	die Blumen
der Hund	die Hunde
das Haus	die Häuser
die Katze	die Katzen

Einzahl	Mehrzahl
die Muschel	die Muscheln
der Mann	die Männer
das Mädchen	die Mädchen
die Frau	die Frauen
der Bub	die Buben
der Freund	die Freunde

 © Brigg Pädagogik Verlag, Augsburg

Zahlwörter von 0 bis 12

0	1	2	3	4	5	6
null	eins	zwei	drei	vier	fünf	sechs

7	8	9	10	11	12
sieben	acht	neun	zehn	elf	zwölf

FRAGEWORT: **Wie viel?   Wie viele?**

4 Schreibe Sätze zu den Bildern!

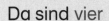

Da sind vier

Zahlwörter von 0 bis 12

0	1	2	3	4	5	6
null	eins	zwei	drei	vier	fünf	sechs

7	8	9	10	11	12
sieben	acht	neun	zehn	elf	zwölf

FRAGEWORT: | **Wie viel?   Wie viele?**

4 Schreibe Sätze zu den Bildern!

Da sind vier Schlüssel.

Da sind drei Scheren.

Da sind fünf Bären.

Da sind zwei Körbe.

Da sind sechs Stühle.

Da sind sieben Eier.

   © Brigg Pädagogik Verlag, Augsburg

5 Beantworte diese Fragen!

Wie viele Kerne hat eine Pflaume? _____

Wie viele Hefte hast du? _____

Wie viele Tage hat eine Woche? _____

Wie viele Geschwister hast du? _____

Wie viele Beine hat ein Pferd? _____

Wie viele Beine hat eine Biene? _____

6 Schreibe fünf Fragen auf! Dein Nachbar soll sie beantworten!

Name: ....

Wie viele	

7 Löse das Rätsel!

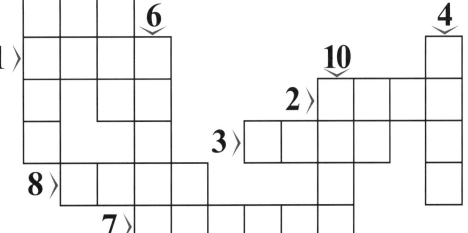

4 **5** Beantworte diese Fragen!

Wie viele Kerne hat eine Pflaume?   einen

Wie viele Hefte hast du?   *

Wie viele Tage hat eine Woche?   sieben

Wie viele Geschwister hast du?   *

Wie viele Beine hat ein Pferd?   vier

Wie viele Beine hat eine Biene?   sechs

6 Schreibe fünf Fragen auf! Dein Nachbar soll sie beantworten! *

Name: ....

Wie viele Hände hast du?	zwei
Wie viele Brüder hast du?	*
Wie viele Augen hat eine Spinne?	acht
Wie viele Übungen hat dieses Arbeitsblatt?	drei
Wie viele Monate hat ein Jahr?	zwölf

7 Löse das Rätsel!

```
                    5
                    ↓
               9    F
               ↓
               N    Ü    6
                         ↓
         1 > E  I   N    S              10          4
               U   F    E        2 > Z  W   E   I   ↓
               N        C     3 > D  R  E   I       V
         8 > A C   H    T                 H         I
             7 > S  I   E    B    E   N             E
                                                   R
```

   © Brigg Pädagogik Verlag, Augsburg

Zahlen ab 12

13 drei<u>zehn</u>	**14** vier<u>zehn</u>	**15** fünf<u>zehn</u>	**16** sech<u>zehn</u>	**17** siebzehn
18 acht<u>zehn</u>	**19** neun<u>zehn</u>	**20** zwan<u>zig</u>	**21** einund<u>zwanzig</u>	**22** zweiund<u>zwanzig</u>
30 drei<u>ßig</u>	**40** vier<u>zig</u>	**100** (ein)hundert	**200** zweihundert	**1000** tausend

8 Ergänze und schreibe Sätze ins Heft: Die Turnschuhe kosten ...

achtundzwanzig Euro	Turnschuhe	€	28,00
	Sonnenbrille	€	33,00
vierundfünfzig Euro	Mantel		
	Kleid	€	95,00
neunzehn Euro	Mütze		
	Hose	€	71,00
zweiundachtzig Euro	Pullover		
	Socken	€	12,00

© Brigg Pädagogik Verlag, Augsburg

Zahlen ab 12

13	14	15	16	17
drei<u>zehn</u>	vier<u>zehn</u>	fünf<u>zehn</u>	sech<u>zehn</u>	sieb<u>zehn</u>

18	19	20	21	22
acht<u>zehn</u>	neun<u>zehn</u>	zwan<u>zig</u>	einund<u>zwanzig</u>	zweiund<u>zwanzig</u>

30	40	100	200	1000
drei<u>ßig</u>	vier<u>zig</u>	(ein)hundert	zweihundert	tausend

8 Ergänze und schreibe Sätze ins Heft: Die Turnschuhe kosten ...

achtundzwanzig Euro	Turnschuhe	€	28,00
dreiunddreißig Euro	Sonnenbrille	€	33,00
vierundfünfzig Euro	Mantel	€	54,00
fünfundneunzig Euro	Kleid	€	95,00
neunzehn Euro	Mütze	€	19,00
einundsiebzig Euro	Hose	€	71,00
zweiundachtzig Euro	Pullover	€	82,00
zwölf Euro	Socken	€	12,00

    © Brigg Pädagogik Verlag, Augsburg

9 Antworte kurz und verwende Zahlwörter!

Wie alt bist du?

Wie alt ist deine Oma?

Wie viele Farbstifte hast du?

Wie viele Monate hat ein Jahr?

Wie viele Stunden hat ein Tag?

Wie viele Kinder sind in deiner Klasse?

Wie viele Seiten hat dein Deutschbuch?

Wie viele Beine haben vier Schildkröten?

10 Findest du das Lösungswort?

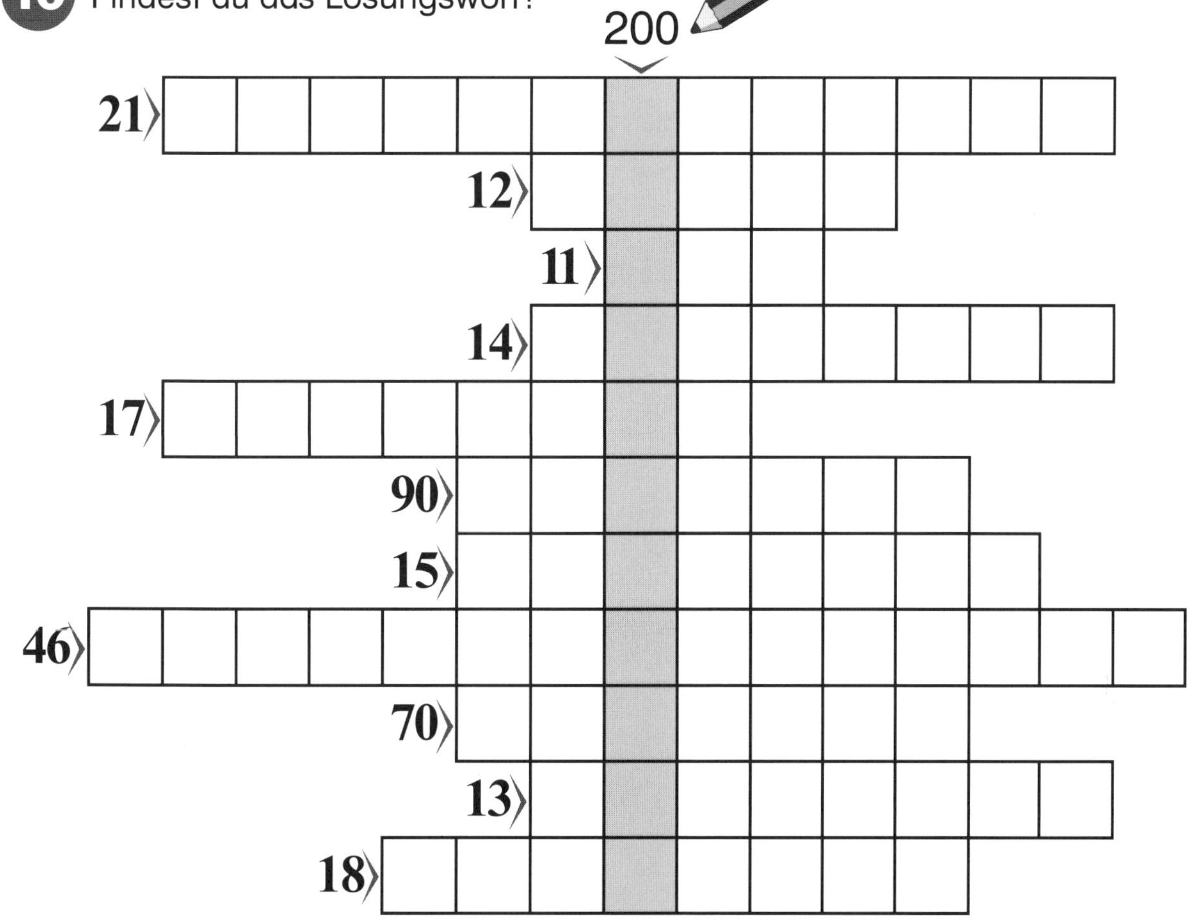

200

21〉

12〉

11〉

14〉

17〉

90〉

15〉

46〉

70〉

13〉

18〉

4

9 Antworte kurz und verwende Zahlwörter!

Wie alt bist du?	*
Wie alt ist deine Oma?	*
Wie viele Farbstifte hast du?	*
Wie viele Monate hat ein Jahr?	zwölf
Wie viele Stunden hat ein Tag?	vierundzwanzig
Wie viele Kinder sind in deiner Klasse?	*
Wie viele Seiten hat dein Deutschbuch?	*
Wie viele Beine haben vier Schildkröten?	sechzehn

10 Findest du das Lösungswort?

200

21 ⟩ E I N U N D Z W A N Z I G

12 ⟩ Z W Ö L F

11 ⟩ E L F

14 ⟩ V I E R Z E H N

17 ⟩ S I E B Z E H N

90 ⟩ N E U N Z I G

15 ⟩ F Ü N F Z E H N

46 ⟩ S E C H S U N D V I E R Z I G

70 ⟩ S I E B Z I G

13 ⟩ D R E I Z E H N

18 ⟩ A C H T Z E H N

© Brigg Pädagogik Verlag, Augsburg

Merke!

Auch Verben (Tunwörter) verändern sich in der Mehrzahl!

Einzahl
↓
(ist)

Mehrzahl
↓
(sind)

11 Schreibe diese Sätze in der Mehrzahl!

Das Radieschen	ist	rot.	Die Radieschen sind
Die Uhr	ist	kaputt.	
Das Auto	ist	neu.	
Die Katze	ist	schwarz.	
Der Apfel	ist	reif.	
Das Kind	ist	nett.	

12 Ergänze (ist) oder (sind) !

Mein Freund	◯	krank.
Die Birnen	◯	saftig.
Die Katze	◯	im Bett.
Das Motorrad	◯	teuer.
Diese Frau	◯	meine Oma.
Seine Schuhe	◯	modern.

Das Buch	◯	interessant.
Bienen	◯	fleißig.
Dieser Mann	◯	ein Lehrer.
Dieses Bild	◯	schön.
Viele Tiere	◯	im Wald.
Drei Igel	◯	im Garten.

Merke!

4

Auch Verben (Tunwörter) verändern sich in der Mehrzahl!

Einzahl	**Mehrzahl**
↓	↓
ist	**sind**

11 Schreibe diese Sätze in der Mehrzahl!

Das Radieschen	ist	rot.	Die Radieschen sind rot.
Die Uhr	ist	kaputt.	Die Uhren sind kaputt.
Das Auto	ist	neu.	Die Autos sind neu.
Die Katze	ist	schwarz.	Die Katzen sind schwarz.
Der Apfel	ist	reif.	Die Äpfel sind reif.
Das Kind	ist	nett.	Die Kinder sind nett.

12 Ergänze **ist** oder **sind** !

Mein Freund	ist	krank.	Das Buch	ist	interessant.
Die Birnen	sind	saftig.	Bienen	sind	fleißig.
Die Katze	ist	im Bett.	Dieser Mann	ist	ein Lehrer.
Das Motorrad	ist	teuer.	Dieses Bild	ist	schön.
Diese Frau	ist	meine Oma.	Viele Tiere	sind	im Wald.
Seine Schuhe	sind	modern.	Drei Igel	sind	im Garten.

© Brigg Pädagogik Verlag, Augsburg

13 Suche die Fehler und streiche sie an!

Die Kinder	**sind**	im Garten.
Die Kirschen	**ist**	süß.
Diese Frau	**sind**	meine Mutter.
Der Hund	**ist**	lieb.
Meine Oma	**sind**	zu Hause.
Seine Katze	**sind**	dick.

Die Zitrone	**ist**	sauer.
Die Hefte	**ist**	neu.
Meine Mutter	**sind**	in der Stadt.
Herr Berger	**ist**	mein Lehrer.
Deine Schuhe	**ist**	schön.
Ihr Hund	**sind**	krank.

14 Schreibe die falschen Sätze aus Aufgabe 13 richtig auf!

15 Unterstreiche die Nomen (Namenwörter): Einzahl – blau
Mehrzahl – rot

Ein Geburtstagsfest

Lisa hat Geburtstag. Es gibt ein großes Fest. Viele Kinder kommen und bringen schöne Geschenke. Tom schenkt Lisa eine Schokoladentorte. Sie bekommt auch bunte Farbstifte, ein Malbuch, einen Wasserball, eine Uhr, lustige Spiele und viele Bonbons. Die Kinder essen ein Stück Torte und trinken Limonade. Dann laufen sie auf die Wiese. Jedes Kind bekommt einen Luftballon. Alle schreiben ihren Namen auf die Ballons. Lisa ruft: „Los!" Die Kinder lassen die Ballons fliegen. Plötzlich weht ein starker Wind und die Ballons fliegen weit fort.

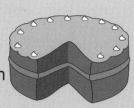

4

13 Suche die Fehler und streiche sie an!

Die Kinder	sind	im Garten.
Die Kirschen	~~ist~~	süß.
Diese Frau	~~sind~~	meine Mutter.
Der Hund	ist	lieb.
Meine Oma	~~sind~~	zu Hause.
Seine Katze	~~sind~~	dick.

Die Zitrone	ist	sauer.
Die Hefte	~~ist~~	neu.
Meine Mutter	~~sind~~	in der Stadt.
Herr Berger	ist	mein Lehrer.
Deine Schuhe	~~ist~~	schön.
Ihr Hund	~~sind~~	krank.

14 Schreibe die falschen Sätze aus Aufgabe 13 richtig auf!

Die Kirschen sind süß.	Die Hefte sind neu.
Diese Frau ist meine Mutter.	Meine Mutter ist in derStadt.
Meine Oma ist zu Hause.	Deine Schuhe sind schön.
Seine Katze ist dick.	Ihr Hund ist krank.

15 Unterstreiche die Nomen (Namenwörter): Einzahl – blau
Mehrzahl – rot

Ein Geburtstagsfest

Lisa hat Geburtstag. Es gibt ein großes Fest. Viele Kin-(Mz)
der kommen und bringen schöne Geschenke.(Mz) Tom
schenkt Lisa eine Schokoladentorte. Sie bekommt auch
bunte Farbstifte,(Mz) ein Malbuch, einen Wasserball, eine
Uhr, lustige Spiele(Mz) und viele Bonbons.(Mz) Die Kinder essen ein Stück Torte
und trinken Limonade. Dann laufen sie auf die Wiese. Jedes Kind bekommt
einen Luftballon. Alle schreiben ihren Namen auf die Ballons.(Mz) Lisa ruft:
„Los!" Die Kinder(Mz) lassen die Ballons(Mz) fliegen. Plötzlich weht ein starker
Wind und die Ballons(Mz) fliegen weit fort.

© Brigg Pädagogik Verlag, Augsburg

Merke!

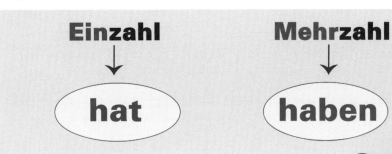

Einzahl	Mehrzahl
↓	↓
hat	**haben**

16 Ergänze die Sätze!

Mein Bruder		Fieber.
Die Schüler		Ferien.
Melanie		ein Pferd.
Der Tisch		vier Beine.

Die Wespen		Stacheln.
Die Hose		ein Loch.
Der Baum		viele Äste.
Mein Onkel		ein Boot.

17 Verbessere die falschen Sätze im Heft!

Die Kinder	~~hat~~	keine Schule.
Der Bub	hat	viele Freunde.
Diese Frau	haben	ein Baby.
Der Apfel	hat	einen Wurm.
Mein Freund	haben	viele Bücher.

Gabi	haben	eine Freundin.
Stefan	hat	blonde Haare.
Bienen	hat	einen Stachel.
Die Kinder	haben	Hunger.
Mein Vater	haben	keine Zeit.

18 Übe!

aus **o** wird **ö**   aus **u** wird **ü**

der Ofen	die Öfen	der Fuß	
der Sohn		die Nuss	
der Rock		der Fluss	
der Stock		die Frucht	

Merke!

Einzahl	Mehrzahl
↓	↓
hat	**haben**

16 Ergänze die Sätze!

Mein Bruder	hat	Fieber.	Die Wespen	haben	Stacheln.
Die Schüler	haben	Ferien.	Die Hose	hat	ein Loch.
Melanie	hat	ein Pferd.	Der Baum	hat	viele Äste.
Der Tisch	hat	vier Beine.	Mein Onkel	hat	ein Boot.

17 Verbessere die falschen Sätze im Heft!

Die Kinder	~~hat~~	keine Schule.	Gabi	~~haben~~	eine Freundin.
Der Bub	hat	viele Freunde.	Stefan	hat	blonde Haare.
Diese Frau	~~haben~~	ein Baby.	Bienen	~~hat~~	einen Stachel.
Der Apfel	hat	einen Wurm.	Die Kinder	haben	Hunger.
Mein Freund	~~haben~~	viele Bücher.	Mein Vater	~~haben~~	keine Zeit.

18 Übe!

aus **o** wird **ö**   aus **u** wird **ü**

der Ofen	die Öfen	der Fuß	die Füße
der Sohn	die Söhne	die Nuss	die Nüsse
der Rock	die Röcke	der Fluss	die Flüsse
der Stock	die Stöcke	die Frucht	die Früchte

© Brigg Pädagogik Verlag, Augsburg

19 Was gehört zusammen?

① Hunde   ●   hüpfen   ⑥ Enten   ●   klettern

② Vögel   bellen   ⑦ Rehe   springen

③ Frösche   spielen   ⑧ Affen   schwimmen

④ Pferde   laufen   ⑨ Käfer   kriechen

⑤ Katzen   fliegen   ⑩ Würmer   krabbeln

20 Bilde Sätze in der Ein- und Mehrzahl!

①	Der Hund bellt. Die Hunde bellen.	⑥	
②		⑦	
③		⑧	
④		⑨	
⑤		⑩	

21 Übe!

aus **a**   wird   **ä**   aus **au**   wird   **äu**

der Mann	die Männer	das Haus	
die Hand		der Baum	
das Land		der Strauch	

19 Was gehört zusammen?

① Hunde — hüpfen
② Vögel — bellen
③ Frösche — spielen
④ Pferde — laufen
⑤ Katzen — fliegen

⑥ Enten — klettern
⑦ Rehe — springen
⑧ Affen — schwimmen
⑨ Käfer — kriechen
⑩ Würmer — krabbeln

20 Bilde Sätze in der Ein- und Mehrzahl!

① Der Hund bellt.
Die Hunde bellen.

② Der Vogel fliegt.
Die Vögel fliegen.

③ Der Frosch hüpft.
Die Frösche hüpfen.

④ Das Pferd läuft.
Die Pferde laufen.

⑤ Die Katze spielt.
Die Katzen spielen.

⑥ Die Ente schwimmt.
Die Enten schwimmen.

⑦ Das Reh springt.
Die Rehe springen.

⑧ Der Affe klettert.
Die Affen klettern.

⑨ Der Käfer krabbelt.
Die Käfer krabbeln.

⑩ Der Wurm kriecht.
Die Würmer kriechen.

21 Übe!

aus **a** wird **ä**   aus **au** wird **äu**

der Mann	die Männer	das Haus	die Häuser
die Hand	die Hände	der Baum	die Bäume
das Land	die Länder	der Strauch	die Sträucher

   © Brigg Pädagogik Verlag, Augsburg

22 Suche die Fehler und unterstreiche: Einzahl – blau, Mehrzahl – rot!

✓	Die Kinder trinken gerne Limonade.
	Der Kaktus stehen am Fenster.
	Viele Äpfel liegt am Boden.
	Bananen schmecken süß.
	Kathrin liest ein lustiges Buch.
	Die gelben Birnen ist reif.
	Das grüne Fahrrad gehört mir.

	Neue Autos ist teuer.
	Viele Kleider sind im Kasten.
	Ein Hase hüpft im Gras.
	Maria isst gerne Kirschen.
	Fische leben im Wasser.
	Karl finden eine Brieftasche.
	Die Buben spielen Fußball.

23 Verbessere die falschen Sätze!

Der Kaktus

24 Was machen diese Tiere? Bilde Sätze in der Ein- und Mehrzahl!

  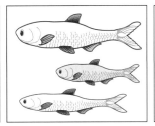 

Die Henne

4

22 Suche die Fehler und unterstreiche: Einzahl – blau, Mehrzahl – rot!

✓	Die Kinder (Mz) trinken gerne Limonade.
	Der Kaktus stehen am Fenster.
	Viele Äpfel (Mz) liegt am Boden.
	Bananen (Mz) schmecken süß.
	Kathrin liest ein lustiges Buch.
	Die gelben Birnen (Mz) ist reif.
	Das grüne Fahrrad gehört mir.

	Neue Autos (Mz) ist teuer.
	Viele Kleider (Mz) sind im Kasten.
	Ein Hase hüpft im Gras.
	Maria isst gerne Kirschen. (Mz)
	Fische (Mz) leben im Wasser.
	Karl finden eine Brieftasche.
	Die Buben (Mz) spielen Fußball.

23 Verbessere die falschen Sätze!

Der Kaktus steht am Fenster.
Viele Äpfel liegen am Boden.
Die gelben Birnen sind reif.
Neue Autos sind teuer.
Karl findet eine Brieftasche.

24 Was machen diese Tiere? Bilde Sätze in der Ein- und Mehrzahl!

  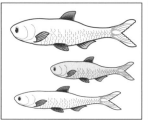 

Die Henne brütet.	*	Die Hennen brüten.
Die Ente frisst.	*	Die Enten fressen.
Der Fisch schwimmt.	*	Die Fische schwimmen.
Der Vogel fliegt.	*	Die Vögel fliegen.

    © Brigg Pädagogik Verlag, Augsburg

Merke!

Ordnungszahlen

1.	erste	**11.**	elfte
2.	zweite	**12.**	zwölfte
3.	dritte	**13.**	dreizehnte
4.	vierte	**14.**	vierzehnte
5.	fünfte	**15.**	fünfzehnte
6.	sechste	**20.**	zwanzigste
7.	sieb(en)te	**21.**	einundzwanzigste
8.	achte	**22.**	zweiundzwanzigste
9.	neunte	**30.**	dreißigste
10.	zehnte	**100.**	hundertste

25 An welcher Stelle stehen diese Farbstifte? Bilde Sätze!

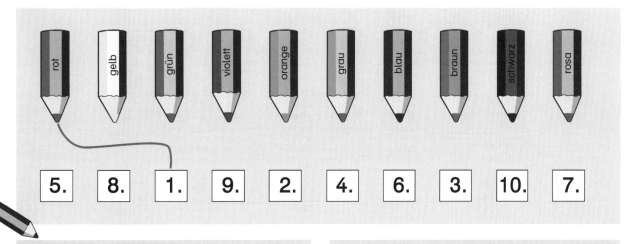

rot · gelb · grün · violett · orange · grau · blau · braun · schwarz · rosa

| 5. | 8. | 1. | 9. | 2. | 4. | 6. | 3. | 10. | 7. |

Der erste Farbstift ist rot.

4

Merke!

Ordnungszahlen

1.	erste	11.	elfte
2.	zweite	12.	zwölfte
3.	dritte	13.	dreizehnte
4.	vierte	14.	vierzehnte
5.	fünfte	15.	fünfzehnte
6.	sechste	20.	zwanzigste
7.	sieb(en)te	21.	einundzwanzigste
8.	achte	22.	zweiundzwanzigste
9.	neunte	30.	dreißigste
10.	zehnte	100.	hundertste

25 An welcher Stelle stehen diese Farbstifte? Bilde Sätze!

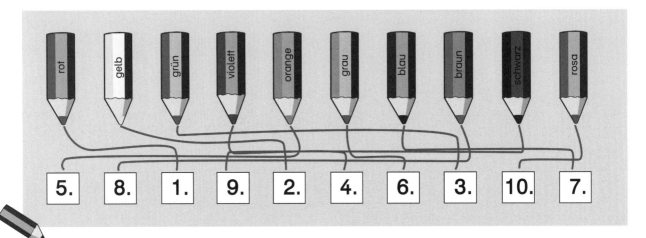

Der erste Farbstift ist rot.	Der zweite Farbstift ist gelb.
Der dritte Farbstift ist grün.	Der vierte Farbstift ist violett.
Der fünfte Farbstift ist orange.	Der sechste Farbstift ist grau.
Der sieb(en)te Farbstift ist blau.	Der achte Farbstift ist braun.
Der neunte Farbstift ist schwarz.	Der zehnte Farbstift ist rosa.

    © Brigg Pädagogik Verlag, Augsburg

Gib acht!

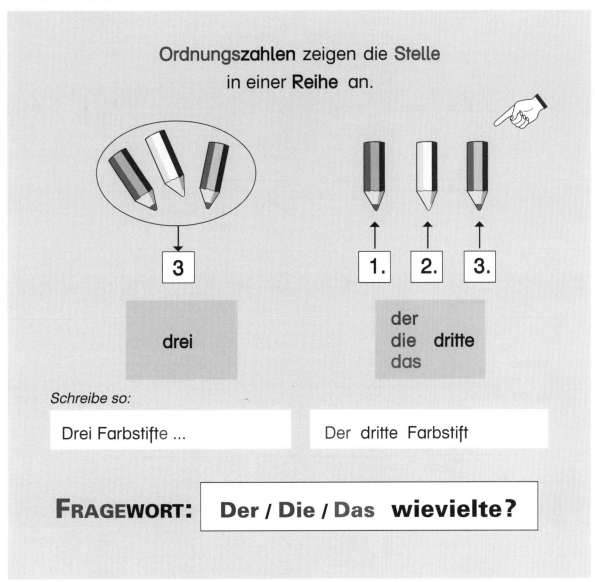

Ordnungszahlen zeigen die Stelle
in einer Reihe an.

3

drei

1. 2. 3.

der
die dritte
das

Schreibe so:

Drei Farbstifte ...

Der dritte Farbstift

FRAGEWORT: | **Der / Die / Das wievielte?**

---

26 Kannst du die Fragen kurz beantworten?

Der wievielte ist heute?   der

In die wievielte Klasse gehst du?

Am wievielten Januar ist Neujahr?

Der wievielte Monat im Jahr ist der Mai?

Am wievielten März beginnt der Frühling?

Das wievielte Jahr gehst du zur Schule?

Gib acht!

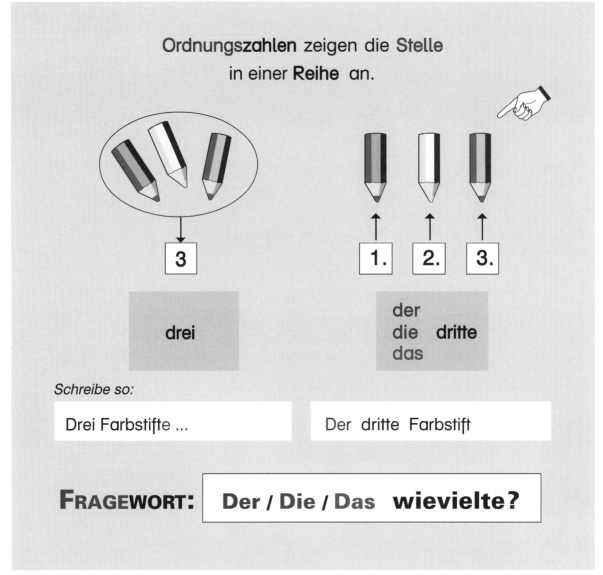

Ordnungszahlen zeigen die Stelle
in einer **Reihe** an.

3

drei

1. **2.** **3.**

der
die dritte
das

Schreibe so:

Drei Farbstifte ...

Der dritte Farbstift

FRAGEWORT: **Der / Die / Das wievielte?**

26 Kannst du die Fragen kurz beantworten?

Der wievielte ist heute?	der *
In die wievielte Klasse gehst du?	*
Am wievielten Januar ist Neujahr?	am ersten
Der wievielte Monat im Jahr ist der Mai?	der fünfte
Am wievielten März beginnt der Frühling?	am einundzwanzigsten
Das wievielte Jahr gehst du zur Schule?	*

© Brigg Pädagogik Verlag, Augsburg

27 An welcher Stelle stehen die Leute an der Haltestelle?

Frau Graf   Anna   Franz   Herr Karl   Patrick

Schreibe so: **der / die / das Erste**

Patrick ist

28 Schreibe die Zahlwörter auf!

13.	dreizehnte		60	
11			4.	
28.			10.	
35			73	
7.			17.	

4 **27** An welcher Stelle stehen die Leute an der Haltestelle?

| Frau Graf | Anna | Franz | Herr Karl | Patrick |

Schreibe so: **der / die / das Erste**

Patrick ist der Erste.

Herr Karl ist der Zweite.

Franz ist der Dritte.

Anna ist die Vierte.

Frau Graf ist die Fünfte.

28 Schreibe die Zahlwörter auf!

13.	dreizehnte	60	sechzig
11	elf	4.	vierte
28.	achtundzwanzigste	10.	zehnte
35	fünfunddreißig	73	dreiundsiebzig
7.	siebente	17.	siebzehnte

 © Brigg Pädagogik Verlag, Augsburg

Merke!

Viele **Nomen** (Namenwörter) für <u>**Personen**</u> und <u>**Berufe**</u> werden
nach dem **Geschlecht** unterschieden:

weiblich	männlich
Köchin	Koch
Lehrerin	Lehrer
Verkäuferin	Verkäufer
Direktorin	Direktor
Frisörin	Frisör
Bäuerin	Bauer

29 Ergänze die Tabelle!

weiblich	männlich
die Ärztin	der
	der Polizist
	der Sekretär
	der Nachbar
	der Schüler
die Schneiderin	
die Mechanikerin	
die Kellnerin	

30 Bilde aus den Verben (Tunwörtern) Berufe und schreibe sie
(weiblich/männlich) ins Heft!

backen   malen   arbeiten   fahren   kaufen   servieren   turnen

Merke!

4

Viele **Nomen** (Namenwörter) für **Personen** und **Berufe** werden nach dem **Geschlecht** unterschieden:

weiblich	männlich
Köchin	Koch
Lehrerin	Lehrer
Verkäuferin	Verkäufer
Direktorin	Direktor
Frisörin	Frisör
Bäuerin	Bauer

29 Ergänze die Tabelle!

weiblich	männlich
die Ärztin	der Arzt
die Polizistin	der Polizist
die Sekretärin	der Sekretär
die Nachbarin	der Nachbar
die Schülerin	der Schüler
die Schneiderin	der Schneider
die Mechanikerin	der Mechaniker
die Kellnerin	der Kellner
die Schreinerin *	der Schreiner *

30 Bilde aus den Verben (Tunwörtern) Berufe und schreibe sie (weiblich/männlich) ins Heft!

backen   malen   arbeiten   fahren   kaufen   servieren   turnen

   © Brigg Pädagogik Verlag, Augsburg

Merke!

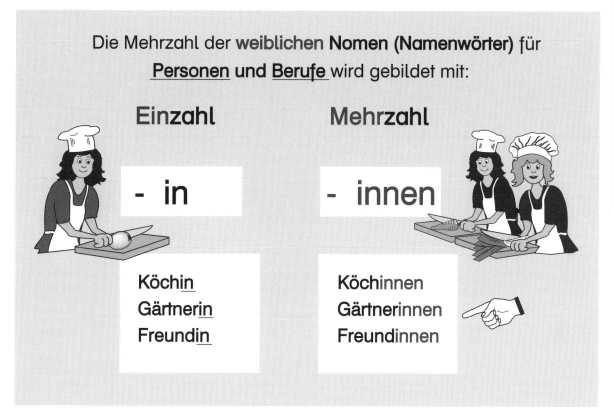

Die Mehrzahl der **weiblichen** Nomen (Namenwörter) für
Personen und **Berufe** wird gebildet mit:

Einzahl	Mehrzahl
- in	**- innen**
Köchin	Köchinnen
Gärtnerin	Gärtnerinnen
Freundin	Freundinnen

31 Schreibe die weibliche Form in der Ein- und Mehrzahl auf!

männlich		Einzahl	Mehrzahl
Tischler	→	Tischlerin	
Techniker	→		
Verkäufer	→		
Arbeiter	→		
Sportler	→		
Chef	→		
Richter	→		
Maler	→		
König	→		
...	→		

Merke!

4

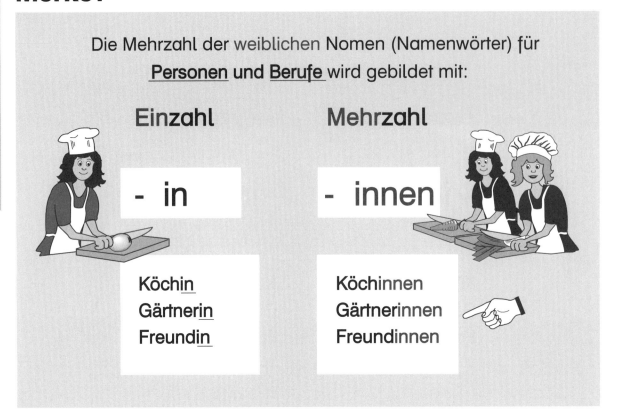

Die Mehrzahl der weiblichen Nomen (Namenwörter) für
Personen und **Berufe** wird gebildet mit:

Einzahl	Mehrzahl
- in	**- innen**
Köchin	Köchinnen
Gärtnerin	Gärtnerinnen
Freundin	Freundinnen

31 Schreibe die weibliche Form in der Ein- und Mehrzahl auf!

männlich	Einzahl	Mehrzahl
Tischler →	Tischlerin	Tischlerinnen
Techniker →	Technikerin	Technikerinnen
Verkäufer →	Verkäuferin	Verkäuferinnen
Arbeiter →	Arbeiterin	Arbeiterinnen
Sportler →	Sportlerin	Sportlerinnen
Chef →	Chefin	Chefinnen
Richter →	Richterin	Richterinnen
Maler →	Malerin	Malerinnen
König →	Königin	Königinnen
... →	*	*

   © Brigg Pädagogik Verlag, Augsburg

Pronomen / Fürwort

Persönliche Fürwörter (Personalpronomen)

Einzahl	Mehrzahl

  **ich**   **_____**

  **du**

  **er**  **ihr**

  **sie**

  **_____**   **sie**

© Brigg Pädagogik Verlag, Augsburg

Pronomen / Fürwort

5

Persönliche Fürwörter (Personalpronomen)

Einzahl	Mehrzahl

 **ich**  **wir**

  **du**

  **er**  **ihr**

  **sie**

  **es**   **sie**

© Brigg Pädagogik Verlag, Augsburg

1 Ergänze diese Sätze mit dem Verb (Tunwort) sein!

Ich heiße Karin.

Ich ____ 12 Jahre alt.

Ich _____ Paul.

Ich ____ 13 Jahre alt.

Das ist Karin.
Sie ist zwölf Jahre alt.

Das ist Paul.
Er ist dreizehn Jahre alt.

Sie	ist	zwölf.	(12)
Ich			(...)
Wir			(8)
Du			(10)
Er			(11)
Ihr			(9)
Es			(2)
Sie			(30)
...			

sein

Einzahl	Mehrzahl
ich bin	wir sind
du bist	ihr seid
er sie ist es	sie sind
Sie sind (Höflichkeitsform)	

© Brigg Pädagogik Verlag, Augsburg

5 **1** Ergänze diese Sätze mit dem Verb (Tunwort) sein!

Ich heiße Karin.
Ich _bin_ 12 Jahre alt.

Ich _heiße_ Paul.
Ich _bin_ 13 Jahre alt.

Das ist **Karin**.
Sie ist zwölf Jahre alt.

Das ist **Paul**.
Er ist dreizehn Jahre alt.

Sie	ist	zwölf.	(12)
Ich	bin	*	(...)
Wir	sind acht.		(8)
Du	bist zehn.		(10)
Er	ist elf.		(11)
Ihr	seid neun.		(9)
Es	ist zwei.		(2)
Sie	sind* dreißig.		(30)
... *			

sein

Einzahl		Mehrzahl	
ich	bin	wir	sind
du	bist	ihr	seid
er sie es	ist	sie	sind

Sie sind
(Höflichkeitsform)

© Brigg Pädagogik Verlag, Augsburg

2 Ergänze diese Sätze mit dem Verb (Tunwort) haben!

Ich _____ eine Schwester.

Ich _____

Ich _____

Ich _____

Paul hat eine Schwester.
Er hat keinen Bruder.

Karin hat zwei Brüder.
Sie hat viele Freunde.

Er hat eine Schwester. _____

Sie _____

Wir _____

Du _____

Er _____

Ihr _____

Es _____

Ich _____

Ich _____

_____

haben

Einzahl	Mehrzahl
ich habe	wir haben
du hast	ihr habt
er sie es hat	sie haben

Sie haben
(Höflichkeitsform)

5 **2** Ergänze diese Sätze mit dem Verb (Tunwort) haben!

Ich __habe__ eine Schwester.

Ich __habe keinen Bruder.__

Ich __habe zwei Brüder.__

Ich __habe viele Freunde.__

Paul hat eine Schwester.
Er hat keinen Bruder.

Karin hat zwei Brüder.
Sie hat viele Freunde.

Er __hat__ eine Schwester.

Sie hat eine Schwester.

Wir haben *

Du hast *

Er hat *

Ihr habt *

Es hat *

Ich habe *

haben

Einzahl		Mehrzahl
ich	habe	wir haben
du	hast	ihr habt
er		
sie	hat	sie haben
es		

Sie haben
(Höflichkeitsform)

© Brigg Pädagogik Verlag, Augsburg

3 Lies den Text und ergänze die Fragen und Antworten!

Gabi stellt sich vor:

Ich heiße Gabi.
Ich wohne in München.
Ich bin 15 Jahre alt.
Mein Bruder ist schon 18 Jahre alt.
Im Sommer gehe ich gerne schwimmen.

Klaus stellt sich vor:

Ich heiße Klaus.
Ich wohne in Nürnberg.
Meine Eltern arbeiten in Salzburg.
Ich wohne bei meinem Onkel.
Ich spiele gerne Volleyball.
Ich bin 16 Jahre alt.

Gabi fragt:

„Wie alt bist __du__?"

„Wo wohnst _____?"

„Was spielst _____ gerne?"

Klaus antwortet:

„ Ich _____."

„ _____."

„ _____."

Klaus fragt:

„ _____?"

„ _____?"

„ _____?"

„ _____?"

Gabi antwortet:

„ _____."

„ _____."

„ _____."

„ _____."

5 **3** Lies den Text und ergänze die Fragen und Antworten!

Gabi stellt sich vor:

Ich heiße Gabi.
Ich wohne in München.
Ich bin 15 Jahre alt.
Mein Bruder ist schon 18 Jahre alt.
Im Sommer gehe ich gerne schwimmen.

Klaus stellt sich vor:

Ich heiße Klaus.
Ich wohne in Nürnberg.
Meine Eltern arbeiten in Salzburg.
Ich wohne bei meinem Onkel.
Ich spiele gerne Volleyball.
Ich bin 16 Jahre alt.

Gabi fragt:

„Wie alt bist __du__?"

„Wo wohnst __du__?"

„Was spielst __du__ gerne?"

Klaus antwortet:

„ _Ich bin sechzehn Jahre alt_ ."

„ _Ich wohne in Nürnberg._ ."

„ _Ich spiele gerne Volleyball_ ."

Klaus fragt:

„ _Wie alt bist du_ ?"

„ _Wo wohnst du_ ?"

„ _Hast du Geschwister_ * ?"

„ * _____ ?"

Gabi antwortet:

„ _Ich bin fünfzehn Jahre alt_ ."

„ _Ich wohne in München_ ."

„ _Ja, ich habe einen Bruder._ * ."

„ * _____ ."

 © Brigg Pädagogik Verlag, Augsburg

Merke!

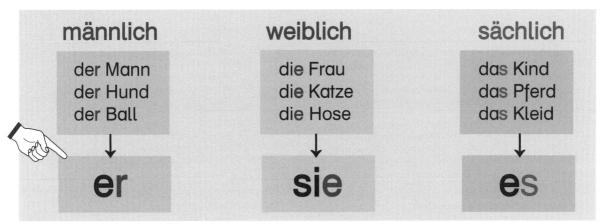

männlich	weiblich	sächlich
der Mann	die Frau	das Kind
der Hund	die Katze	das Pferd
der Ball	die Hose	das Kleid
↓	↓	↓
er	**sie**	**es**

Persönliche **Pronomen** (Fürwörter) stehen für ein **Nomen** (Namenwort).
Persönliche **Fürworter** heißen auch **Personalpronomen**.

Der rote Apfel	gehört mir.
Er	liegt auf dem Teller.
Die große Frau	ist meine Mutter.
Sie	heißt Christa.
Das gelbe Kleid	ist neu.
Es	war nicht teuer.

4 Ergänze: er, sie oder es.

Der kleine Mann ist mein Lehrer.

[____] ist sehr nett.

Das Fahrrad ist kaputt.

[____] gehört mir.

Eine graue Katze sitzt im Garten.

[____] sieht eine Maus.

Der Hund frisst mein Pausenbrot.

[____] hat großen Hunger.

Das bunte Kleid ist neu.

[____] gefällt mir.

Anita kommt nicht in die Schule.

[____] ist krank.

Meine Tante isst gerne Torten.

[____] ist dick.

Der Apfel schmeckt süß.

[____] ist reif.

Merke!

5

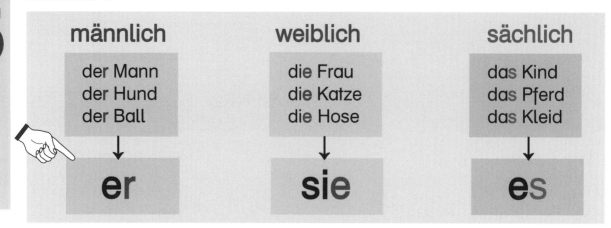

männlich	weiblich	sächlich
der Mann	die Frau	das Kind
der Hund	die Katze	das Pferd
der Ball	die Hose	das Kleid
↓	↓	↓
er	**sie**	**es**

Persönliche **Pronomen** (Fürwörter) stehen für ein **Nomen** (Namenwort).
Persönliche Fürworter heißen auch **Personalpronomen**.

Der rote Apfel	gehört mir.
Er	liegt auf dem Teller.
Die große Frau	ist meine Mutter.
Sie	heißt Christa.
Das gelbe Kleid	ist neu.
Es	war nicht teuer.

4 Ergänze: er, sie oder es.

Der kleine Mann ist mein Lehrer.

| Er | ist sehr nett. |

Eine graue Katze sitzt im Garten.

| Sie | sieht eine Maus. |

Das bunte Kleid ist neu.

| Es | gefällt mir. |

Meine Tante isst gerne Torten.

| Sie | ist dick. |

Das Fahrrad ist kaputt.

| Es | gehört mir. |

Der Hund frisst mein Pausenbrot.

| Er | hat großen Hunger. |

Anita kommt nicht in die Schule.

| Sie | ist krank. |

Der Apfel schmeckt süß.

| Er | ist reif. |

© Brigg Pädagogik Verlag, Augsburg

5 Setze die richtigen persönlichen Fürwörter (Pronomen) ein!

er oder sie		er, sie oder es	
Mutter	sie	Besen	
Anna		Luft	
Direktor		Teich	
Schüler		Hotel	
Bauer		Punkt	
Karin		Gabel	
Michael		Markt	
Lehrerin		Mond	
Tochter		Herz	
Herr		Sonne	
Soldat		Brille	
Onkel		Kreis	
Schülerin		Geld	
Enkel		Kugel	
Freundin		Finger	

6 Wie heißt das persönliche Fürwort (Pronomen)?

ein Korb $\longrightarrow$ er

eine Banane $\longrightarrow$

ein Mädchen $\longrightarrow$

eine Rose $\longrightarrow$

ein Frosch $\longrightarrow$

ein Polizist $\longrightarrow$

ein Kamel $\longrightarrow$

eine Schwester $\longrightarrow$

ein Lehrer $\longrightarrow$

ein Telefon $\longrightarrow$

© Brigg Pädagogik Verlag, Augsburg

5 Setze die richtigen persönlichen Fürwörter (Pronomen) ein!

er oder sie	
Mutter	sie
Anna	sie
Direktor	er
Schüler	er
Bauer	er
Karin	sie
Michael	er
Lehrerin	sie
Tochter	sie
Herr	er
Soldat	er
Onkel	er
Schülerin	sie
Enkel	er
Freundin	sie

er, sie oder es	
Besen	er
Luft	sie
Teich	er
Hotel	es
Punkt	er
Gabel	sie
Markt	er
Mond	er
Herz	es
Sonne	sie
Brille	sie
Kreis	er
Geld	es
Kugel	sie
Finger	er

6 Wie heißt das persönliche Fürwort (Pronomen)?

ein Korb → er

eine Banane → sie

ein Mädchen → es

eine Rose → sie

ein Frosch → er

ein Polizist → er

ein Kamel → es

eine Schwester → sie

ein Lehrer → er

ein Telefon → es

© Brigg Pädagogik Verlag, Augsburg

7 Kannst du Sätze zu diesen Bildern schreiben?

5

er, sie oder **es**

Nina
1 Jahr

| Das Baby heißt Nina. |
| Es ist ein Jahr alt. |
| … krabbelt auf dem Boden. |
| … kann noch nicht laufen. |

90 Jahre
spazieren

| Diese Frau ist meine Oma. |
| …   ist schon 90 Jahre alt. |
| |
| |

Karl Graf
krank

| Der Mann heißt |
| |
| |
| |

Simba
grüne Augen

| Die Katze |
| |
| |
| |

5 **7** Kannst du Sätze zu diesen Bildern schreiben?

er, sie oder es

Nina
1 Jahr

Das Baby heißt Nina.
Es ist ein Jahr alt.
Es krabbelt auf dem Boden.
Es kann noch nicht laufen.

90 Jahre
spazieren

Diese Frau ist meine Oma.
Sie ist schon 90 Jahre alt.
Sie geht mit dem Stock spazieren.   *
Sie sieht schlecht. *

Karl Graf
krank

Der Mann heißt Karl Graf.
Er ist krank.
Er isst Kartoffelbrei. *
Er geht nicht zur Arbeit. *

Simba
grüne Augen

Die Katze heißt Simba.
Sie hat grüne Augen.
Sie spielt mit einem Wollknäuel. *
Sie hat ein getigertes Fell. *

   © Brigg Pädagogik Verlag, Augsburg

8 Ergänze: er, sie oder es.

Fragen:	**Antworten:**

Fragen:	Antworten:
Wo ist das Heft?	Es liegt auf dem Boden.
Kommt dein Onkel heute?	Nein, _____ kommt morgen.
Wie heißt der schwarze Kater?	_____ heißt Max.
Wo wohnt deine Freundin?	_____ wohnt in Mainz.
Wem gehört der große Korb?	_____ gehört dieser Frau.
Geht das Mädchen in die Schule?	Ja, _____ geht in die Schule.
Wo arbeitet Herr Meier?	_____ arbeitet in einer Fabrik.

9 Lies diesen Text und ergänze richtig!

Zu Hause gibt es viel zu tun

Peter und seine Schwester Lisa wohnen in der Stadt. Zu Hause gibt es viel Arbeit. Peter leert täglich den Mülleimer aus. ____ geht auch manchmal einkaufen. In seinem Zimmer hat ____ ein junges Meerschweinchen. ____ füttert ____ in der Früh und am Abend. Jede

Woche muss ____ den Käfig sauber machen.

Lisa hilft ihrer Mutter beim Aufräumen. ____ deckt oft den Tisch und wäscht auch das Geschirr ab. Am Sonntag steht ____ manchmal leise auf und macht das Frühstück. ____ hat auch einen kleinen Hund. ____ heißt Bello und hat ein kurzes, braunes Fell. Lisa geht jeden Abend mit Bello spazieren. ____ freut sich immer sehr darauf.

5 8 Ergänze: er, sie oder es.

Fragen: **Antworten:**

Wo ist das Heft ?	Es liegt auf dem Boden.
Kommt dein Onkel heute?	Nein, er kommt morgen.
Wie heißt der schwarze Kater ?	Er heißt Max.
Wo wohnt deine Freundin ?	Sie wohnt in Mainz.
Wem gehört der große Korb ?	Er gehört dieser Frau.
Geht das Mädchen in die Schule?	Ja, es geht in die Schule.
Wo arbeitet Herr Meier ?	Er arbeitet in einer Fabrik.

9 Lies diesen Text und ergänze richtig!

Zu Hause gibt es viel zu tun

Peter und seine Schwester Lisa wohnen in der Stadt. Zu Hause gibt
es viel Arbeit. Peter leert täglich den Mülleimer aus. _Er_ geht auch
manchmal einkaufen. In seinem Zimmer hat _er_ ein junges
Meerschweinchen. _Er_ füttert _es_ in der Früh und am Abend. Jede

Woche muss _er_ den Käfig sauber machen.
Lisa hilft ihrer Mutter beim Aufräumen. _Sie_ deckt
oft den Tisch und wäscht auch das Geschirr ab. Am
Sonntag steht _sie_ manchmal leise auf und macht
das Frühstück. _Sie_ hat auch einen kleinen Hund.
_Er_ heißt Bello und hat ein kurzes, braunes Fell.
Lisa geht jeden Abend mit Bello spazieren. _Er_*
freut sich immer sehr darauf.

          © Brigg Pädagogik Verlag, Augsburg

Die Höflichkeitsform

vertraulich	höflich
du	**Sie**
Familie, Freunde, gute Bekannte ...	nicht gute Bekannte ...
kommst wohnst	kommen wohnen

10 Setze du oder Sie ein!

Wie heißt du?
Wie alt bist ___?
Wo wohnst ___?

Wie heißen Sie?
Wie alt _____ ___?
Wo _____ ___?

Kommen [Sie] aus Italien?
Wie heißt [   ] ?
Haben [   ] heute Zeit?
[   ] bist sehr nett.

Wohnen [   ] hier?
[   ] hast viele Hobbys.
Sind [   ] krank?
Kennen [   ] meine Eltern?

© Brigg Pädagogik Verlag, Augsburg

Die Höflichkeitsform

vertraulich	höflich
du	**Sie**
Familie, Freunde, gute Bekannte ...	nicht gute Bekannte ...
kommst wohnst	kommen wohnen

10 Setze du oder Sie ein!

Wie heißt du?
Wie alt bist <u>du</u>?
Wo wohnst <u>du</u>?

Wie heißen Sie?
Wie alt <u>sind</u> Sie?
Wo <u>wohnen</u> Sie?

Kommen | Sie | aus Italien?
Wie heißt | Du | ?
Haben | Sie | heute Zeit?
| Du | bist sehr nett.

Wohnen | Sie | hier?
| Du | hast viele Hobbys.
Sind | Sie | krank?
Kennen | Sie | meine Eltern?

   © Brigg Pädagogik Verlag, Augsburg

11 Wandle diese Sätze um (du oder Sie)!

Sie lernen Maschine schreiben.	Du lernst Maschine schreiben.
Kommst du morgen?	
Geben Sie mir das Buch!	
Du hast wenig Geld.	
Fahren Sie nach Hause?	

12 Bilde Fragesätze mit diesen Wörtern!

① WO – WOHNEN   (Sie)   Wo wohnen Sie?

② WOHIN – GEHEN   (du)

③ WARUM – FRAGEN   (Sie)

④ WANN – KOMMEN   (Sie)

⑤ WANN – HABEN – ZEIT   (du)

⑥ WO – SCHLAFEN   (Sie)

⑦ WAS – ESSEN – HEUTE   (du)

13 Kannst du die Tabelle richtig ergänzen?

	sie	du	ich	Sie
haben	hat			
sein				

© Brigg Pädagogik Verlag, Augsburg

5 **11** Wandle diese Sätze um (du oder Sie)!

Sie lernen Maschine schreiben.	Du lernst Maschine schreiben.
Kommst du morgen?	Kommen Sie morgen?
Geben Sie mir das Buch!	Gib mir das Buch!
Du hast wenig Geld.	Sie haben wenig Geld.
Fahren Sie nach Hause?	Fährst du nach Hause?

12 Bilde Fragesätze mit diesen Wörtern!

① WO – WOHNEN   (Sie)   Wo wohnen Sie?

② WOHIN – GEHEN   (du)   Wohin gehst du?

③ WARUM – FRAGEN   (Sie)   Warum fragen Sie?

④ WANN – KOMMEN   (Sie)   Wann kommen Sie?

⑤ WANN – HABEN – ZEIT (du)   Wann hast du Zeit?

⑥ WO – SCHLAFEN   (Sie)   Wo schlafen Sie?

⑦ WAS – ESSEN – HEUTE (du)   Was isst du heute?

13 Kannst du die Tabelle richtig ergänzen?

	sie	du	ich	Sie
haben	hat	hast	habe	haben
sein	ist	bist	bin	sind

© Brigg Pädagogik Verlag, Augsburg

Wiederhole!

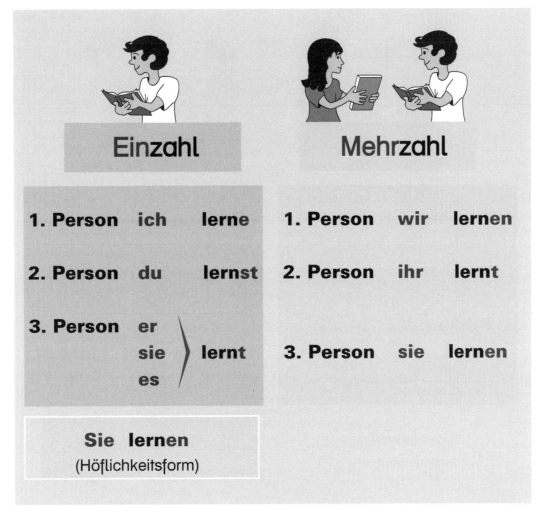

Einzahl

1. Person	ich	lerne
2. Person	du	lernst
3. Person	er / sie / es	lernt

Sie lernen
(Höflichkeitsform)

Mehrzahl

1. Person	wir	lernen
2. Person	ihr	lernt
3. Person	sie	lernen

14 Schreibe die Endungen der Verben (Tunwörter) in Farbe!

rufen
er **ruft**

teilen
du

hoffen
es

kennen
sie

klettern
wir

zeigen
ich

husten
ihr

nähen
sie

leihen
du

denken
ich

holen
er

grüßen
wir

glauben
sie

heben
ich

streiten
ihr

© Brigg Pädagogik Verlag, Augsburg

Personalformen   179

Wiederhole!

Einzahl

Mehrzahl

1. Person	ich	lerne
2. Person	du	lernst
3. Person	er	
	sie	⟩ lernt
	es	

1. Person	wir	lernen
2. Person	ihr	lernt
3. Person	sie	lernen

Sie lernen

(Höflichkeitsform)

14 Schreibe die Endungen der Verben (Tunwörter) in Farbe!

	rufen		teilen		hoffen
er	ruf**t**	du	teil**st**	es	hoff**t**
	kennen		klettern		zeigen
sie	kennen *	wir	klettern	ich	zeig**e**
	husten		nähen		leihen
ihr	huste**t**	sie	näh**t** *	du	leih**st**
	denken		holen		grüßen
ich	denk**e**	er	hol**t**	wir	grüßen
	glauben		heben		streiten
sie	glauben *	ich	heb**e**	ihr	streite**t**

© Brigg Pädagogik Verlag, Augsburg

15 Ergänze die Tabelle und achte auf die Endungen!

	wohnen	heißen	haben	kommen	gehen
ich	wohne				
du					
er					
sie					
es					
wir					
ihr					
sie					
Sie					

16 Verwende Verben (Tunwörter) aus der Tabelle!

① Tom ist aus Deutschland.   Er   _wohnt_   in einer Großstadt.

② Dieser Bub ist mein Freund.   Er _____ Mario.

③ Sie ist meine Schwester.   Ich _____ auch einen Bruder.

④ Die Kinder essen Pizza.   Sie _____ großen Hunger.

⑤ Das ist mein Nachbar.   Er _____ aus Italien.

⑥ Meine Uhr ist kaputt.   Sie _____ falsch.

⑦ Paul und ich sind Freunde.   Wir _____ in die vierte Klasse.

⑧ Das Mädchen ist krank.   Es _____ Fieber.

⑨ Seine Katze ist schwarz.   Sie _____ Minka.

5

15 Ergänze die Tabelle und achte auf die Endungen!

	wohnen	heißen	haben	kommen	gehen
ich	wohne	heiße	habe	komme	gehe
du	wohnst	heißt	hast	kommst	gehst
er	wohnt	heißt	hat	kommt	geht
sie	wohnt	heißt	hat	kommt	geht
es	wohnt	heißt	hat	kommt	geht
wir	wohnen	heißen	haben	kommen	gehen
ihr	wohnt	heißt	habt	kommt	geht
sie	wohnen	heißen	haben	kommen	gehen
Sie	wohnen	heißen	haben	kommen	gehen

16 Verwende Verben (Tunwörter) aus der Tabelle!

① Tom ist aus Deutschland.   Er   wohnt   in einer Großstadt.

② Dieser Bub ist mein Freund.   Er   heißt   Mario.

③ Sie ist meine Schwester.   Ich   habe   auch einen Bruder.

④ Die Kinder essen Pizza.   Sie   haben   großen Hunger.

⑤ Das ist mein Nachbar.   Er   kommt   aus Italien.

⑥ Meine Uhr ist kaputt.   Sie   geht   falsch.

⑦ Paul und ich sind Freunde.   Wir   gehen   in die vierte Klasse.

⑧ Das Mädchen ist krank.   Es   hat   Fieber.

⑨ Seine Katze ist schwarz.   Sie   heißt   Minka.

     © Brigg Pädagogik Verlag, Augsburg

17 Kreuze die passenden persönlichen Fürwörter (Pronomen) an!
Schreibe die Sätze ins Heft!

ich	sie	wir	du	Sie	er	ihr	
	X				X	X	kauft eine Tafel Schokolade.
							gehe am Nachmittag schwimmen.
							heißen Franz Berger.
							habt leider keine Zeit.
							fahren morgen nach Italien.
							isst nicht gerne Fisch.
							bleibe zu Hause, weil ich krank bin.
							ist meine beste Freundin.
							schreibst sehr deutlich.
							können gut Skifahren.

18 Ergänze!

Meine Familie

Ich _____ Anna und _____ in Berlin. Ich _____ neun Jahre alt. Mein Bruder _____ Tom und _____ acht. Mein Vater _____ Verkäufer, meine Mutter _____ Sekretärin. Sie _____ immer abends nach Hause. Mein Vater _____ oft das Essen. Ich _____ ihm manchmal dabei. Am liebsten _____ ich mit meinem Bruder.

✓

sein (4x) – helfen – spielen – heißen (2x) – wohnen – kommen – machen

17 Kreuze die passenden persönlichen Fürwörter (Pronomen) an!
Schreibe die Sätze ins Heft!

ich	sie	wir	du	Sie	er	ihr	
	X				X	X	kauft eine Tafel Schokolade.
X							gehe am Nachmittag schwimmen.
				X			heißen Franz Berger.
						X	habt leider keine Zeit.
	X	X		X			fahren morgen nach Italien.
	X		X		X		isst nicht gerne Fisch.
X							bleibe zu Hause, weil ich krank bin.
	X						ist meine beste Freundin.
			X				schreibst sehr deutlich.
	X	X		X			können gut Skifahren.

18 Ergänze!

Meine Familie

Ich __heiße__ Anna und __wohne__ in Berlin. Ich __bin__ neun Jahre alt. Mein Bruder __heißt__ Tom und __ist__ acht. Mein Vater __ist__

Verkäufer, meine Mutter __ist__ Sekretärin. Sie __kommt__ immer abends nach Hause. Mein Vater __macht__ oft das Essen. Ich __helfe__ ihm manchmal dabei. Am liebsten __spiele__ ich mit meinem Bruder.

✓   ✓   ✓   ✓   ✓   ✓   ✓
sein (4x) – helfen – spielen – heißen (2x) – wohnen – kommen – machen

© Brigg Pädagogik Verlag, Augsburg

Merke!

Mit der Person verändert sich das Verb (Tunwort).

sagen

Stamm   Endung

1. Bei vielen Verben (Zeitwörtern) bleibt der Wortstamm gleich.

> *Beispiele:*   sagen, fragen, gehen, trinken ...

2. Bei unregelmäßigen Verben (Tunwörtern) ändert sich der Wortstamm in der 2. und 3. Person Einzahl!

Beispiele:	geben:	du gibst	–	er gibt
	helfen:	du hilfst	–	er hilft,
	sehen:	du siehst	–	er _____
	essen:	du isst	–	er isst
	lesen:	du _____	–	er liest

3. Manchmal entsteht ein Umlaut in der 2. u. 3. Person Einzahl.

Beispiele:	fahren:	du fährst	–	er fährt
	laufen:	du _____	–	er läuft
	tragen:	du trägst	–	er _____
	schlafen:	du schläfst	–	er schläft

4. Endet der Wortstamm mit d oder t, wird in der 2. und 3. Person Einzahl und in der 2. Person Mehrzahl ein e eingesetzt.

Beispiel:	warten:	du wartest	–	er _____
	baden:	du _____	–	sie badet
	streiten:	du streitest	–	ihr streitet

Merke!

5

Mit der Person verändert sich das Verb (Tunwort).

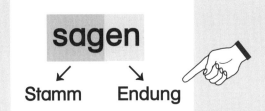

sagen
Stamm   Endung

1. Bei vielen Verben (Zeitwörtern) bleibt der Wortstamm gleich.

Beispiele: sagen, fragen, gehen, trinken ...

2. Bei unregelmäßigen Verben (Tunwörtern) ändert sich der Wortstamm in der 2. und 3. Person Einzahl!

Beispiele:				
geben:	du	gibst	–	er gibt
helfen:	du	hilfst	–	er hilft,
sehen:	du	siehst	–	er sieht
essen:	du	isst	–	er isst
lesen:	du	liest	–	er liest

3. Manchmal entsteht ein Umlaut in der 2. u. 3. Person Einzahl.

Beispiele:				
fahren:	du	fährst	–	er fährt
laufen:	du	läufst	–	er läuft
tragen:	du	trägst	–	er trägt
schlafen:	du	schläfst	–	er schläft

4. Endet der Wortstamm mit d oder t, wird in der 2. und 3. Person Einzahl und in der 2. Person Mehrzahl ein e eingesetzt.

Beispiel:				
warten:	du	wartest	–	er wartet
baden:	du	badest	–	sie badet
streiten:	du	streitest	–	ihr streitet

    © Brigg Pädagogik Verlag, Augsburg

19 Ergänze die Tabelle und unterstreiche die Änderungen!

geben	fahren	warten	lesen
ich gebe			
du g<u>i</u>bst			
er			
sie			

20 Ergänze und schreibe die Sätze mit anderen
Persönlichen Fürwörtern (Pronomen)!

Eva __<u>fängt</u>__ eine Fliege.   fangen   <u>Wir fangen eine Fliege.</u>

Ich _____ ein Reh.   sehen   _____

Du _____ mit Paul.   streiten   _____

Er _____ zum Zug.   laufen   _____

Sie _____ mir ein Buch.   geben   _____

Du _____ viele Äpfel.   essen   _____

Max _____ im See.   baden   _____

Tom _____ spazieren.   gehen   _____

Er _____ einen Hut.   tragen   _____

Sie _____ auf den Bus.   warten   _____

© Brigg Pädagogik Verlag, Augsburg   Unregelmäßige Verben (Tunwörter)   187

19 Ergänze die Tabelle und unterstreiche die Änderungen!

geben	fahren	warten	lesen
ich gebe	ich fahre	ich warte	ich lese
du gibst	du fährst	du wartest	du liest
er gibt	er fährt	er wartet	er liest
sie gibt	sie fährt	sie wartet	sie liest
es gibt	es fährt	es wartet	es liest
wir geben	wir fahren	wir warten	wir lesen
ihr gebt	ihr fahrt	ihr wartet	ihr lest
sie geben	sie fahren	sie warten	sie lesen

20 Ergänze und schreibe die Sätze mit anderen Persönlichen Fürwörtern (Pronomen)! *

Eva __fängt__ eine Fliege.   fangen   Wir fangen eine Fliege.

Ich __sehe__ ein Reh.   sehen   Du siehst ein Reh.

Du __streitest__ mit Paul.   streiten   Er streitet mit Paul.

Er __läuft__ zum Zug.   laufen   Sie laufen zum Zug.

Sie __gibt *__ mir ein Buch.   geben   Ihr gebt mir ein Buch.

Du __isst__ viele Äpfel.   essen   Sie isst viele Äpfel.

Max __badet__ im See.   baden   Es badet im See.

Tom __geht__ spazieren.   gehen   Wir gehen spazieren.

Er __trägt__ einen Hut.   tragen   Du trägst einen Hut.

Sie __warten *__ auf den Bus.   warten   Sie wartet auf den Bus.

   © Brigg Pädagogik Verlag, Augsburg

Besitzanzeigende Fürwörter (Possessivpronomen)

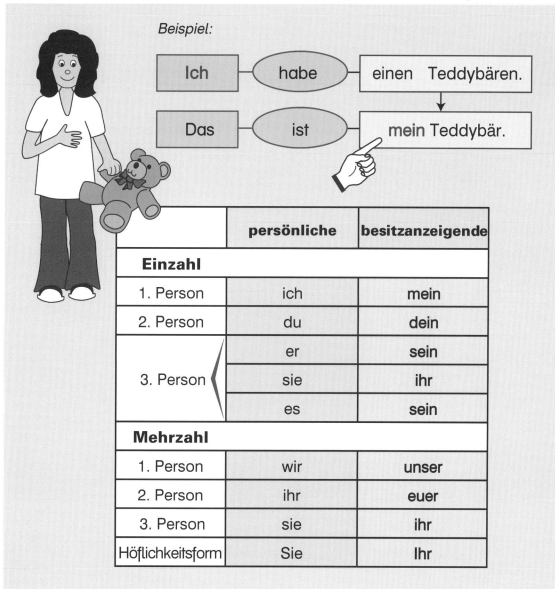

Beispiel:

| Ich | habe | einen Teddybären. |
| Das | ist | mein Teddybär. |

	persönliche	besitzanzeigende
Einzahl		
1. Person	ich	mein
2. Person	du	dein
3. Person	er	sein
	sie	ihr
	es	sein
Mehrzahl		
1. Person	wir	unser
2. Person	ihr	euer
3. Person	sie	ihr
Höflichkeitsform	Sie	Ihr

21 Achte auf die Endungen der besitzanzeigenden Fürwörter (Pronomen)!

→ **mein**

Das ist <u>meine</u> Mutter.

Das ist _____ Freund.

Das ist _____ Tasche.

Das ist _____ Haus.

Das ist _____ Füller.

→ **dein**

Das ist _____ Bruder.

Das ist _____ Tante.

Das ist _____ Fahrrad.

Das ist _____ Hose.

Das ist _____ Lehrer.

Besitzanzeigende Fürwörter (Possessivpronomen)

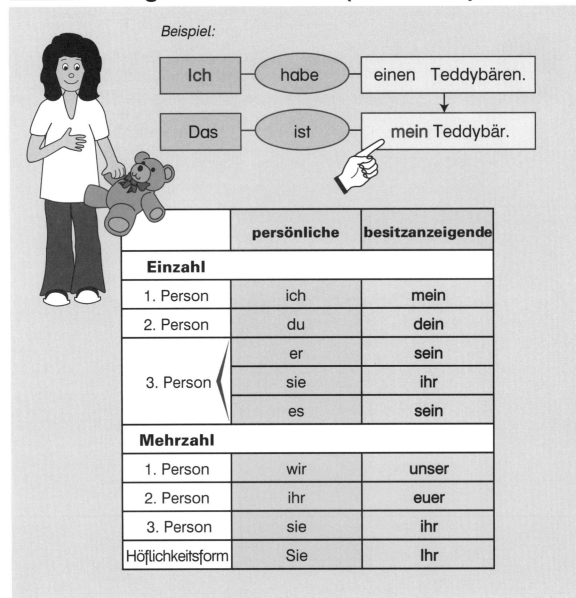

Beispiel:

| Ich | habe | einen Teddybären. |

| Das | ist | mein Teddybär. |

	persönliche	besitzanzeigende
Einzahl		
1. Person	ich	mein
2. Person	du	dein
3. Person	er	sein
	sie	ihr
	es	sein
Mehrzahl		
1. Person	wir	unser
2. Person	ihr	euer
3. Person	sie	ihr
Höflichkeitsform	Sie	Ihr

21 Achte auf die Endungen der besitzanzeigenden Fürwörter (Pronomen)!

→ **mein**

Das ist <u>meine</u> Mutter.
Das ist <u>mein</u> Freund.
Das ist <u>meine</u> Tasche.
Das ist <u>mein</u> Haus.
Das ist <u>mein</u> Füller.

→ **dein**

Das ist <u>dein</u> Bruder.
Das ist <u>deine</u> Tante.
Das ist <u>dein</u> Fahrrad.
Das ist <u>deine</u> Hose.
Das ist <u>dein</u> Lehrer.

 © Brigg Pädagogik Verlag, Augsburg

Merke!

Besitzanzeigende Fürwörter stehen meist für den **Artikel**.
Besitzanzeigende Fürwörter heißen auch **Possessivpronomen**.

ein	eine	ein	–
↓	↓	↓	↓
männlich	**weiblich**	**sächlich**	**Mehrzahl**
mein	meine	mein	meine
dein			
sein			

22 Ergänze den Text und male das Bild aus!

Tina und Ronny

Tina ist ein Mädchen.

Ihr	Hut ist grün.
	Haare sind blond.
	Hose ist rot.
	Hemd ist blau und rot.
	Pony heißt Ronny.
	Fell ist braun.
	Mähne ist gelb.
	Decke ist grün.

Merke!

5

Besitzanzeigende Fürwörter stehen meist für den **Artikel**.
Besitzanzeigende Fürwörter heißen auch **Possessivpronomen**.

ein	eine	ein	–
↓	↓	↓	↓
männlich	**weiblich**	**sächlich**	**Mehrzahl**
mein	meine	mein	meine
dein	deine	dein	deine
sein	seine	sein	seine

22 Ergänze den Text und male das Bild aus!

Tina und Ronny

Tina ist ein Mädchen.

Ihr	Hut ist grün.
Ihre	Haare sind blond.
Ihre	Hose ist rot.
Ihr	Hemd ist blau und rot.
Ihr	Pony heißt Ronny.
Sein	Fell ist braun.
Seine	Mähne ist gelb.
Seine	Decke ist grün.

     © Brigg Pädagogik Verlag, Augsburg

23 Achte auf die Endungen der besitzanzeigenden Fürwörter (Pronomen)!

5

der Fotoapparat

| Das ist mein Fotoapparat. |

das Taschenmesser

| Das ist |

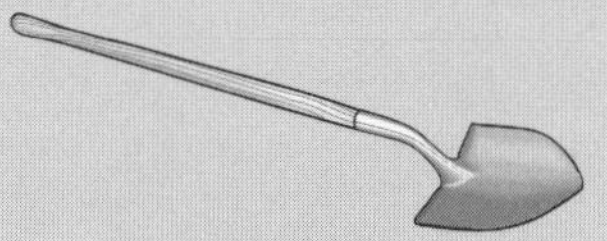

die Schaufel

| |

der Pinsel

| |

die Sonnenbrille

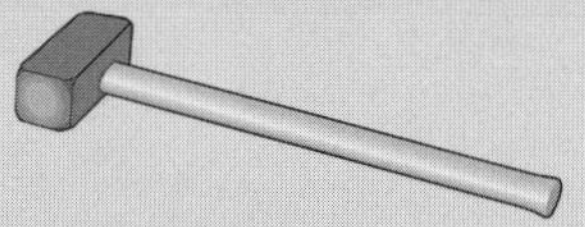

| |

der Hammer

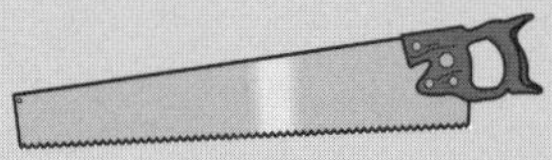

| |

die Säge

| |

das Glas

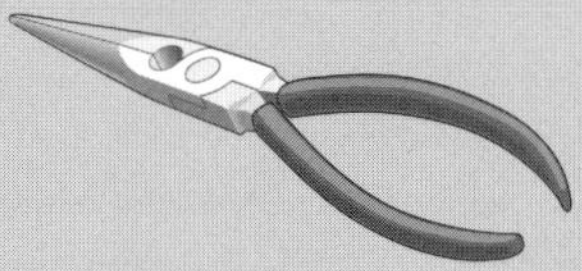

| |

die Zange

| |

23 Achte auf die Endungen der besitzanzeigenden Fürwörter (Pronomen)!

der Fotoapparat

| Das ist mein Fotoapparat. |

das Taschenmesser

| Das ist mein Taschenmesser. |

die Schaufel

| Das ist meine Schaufel. |

der Pinsel

| Das ist mein Pinsel. |

die Sonnenbrille

| Das ist meine Sonnenbrille. |

der Hammer

| Das ist mein Hammer. |

die Säge

| Das ist meine Säge. |

das Glas

| Das ist mein Glas. |

die Zange

| Das ist meine Zange. |

    © Brigg Pädagogik Verlag, Augsburg

24 Ergänze die Tabelle!

	der Freund	die Uhr	das Geld	die Hefte
Anna	ihr Freund			
Karl	sein Freund			
ich	mein			
wir				
du				
ihr				
Sie				

25 Setze die besitzanzeigenden Fürwörter (Pronomen) ein!

Ich habe einen Papagei.   Das ist   _mein_   Papagei.

Er hat ein neues Segelboot.   Das ist _____ Segelboot.

Du hast ein Sparbuch.   Das ist _____ Sparbuch.

Wir haben eine Hütte.   Das ist _____ Hütte.

Sie hat einen Hamster.   Das ist _____ Hamster.

Sie haben viele Bücher.   Das sind _____ Bücher.

Anita hat ein Fotoalbum.   Das ist _____ Fotoalbum.

Ihr habt schöne Blumen.   Das sind _____ Blumen.

Paul hat ein Motorrad.   Das ist _____ Motorrad.

Wir haben bunte Farbstifte.   Das sind _____ Farbstifte.

24 Ergänze die Tabelle!

	der **Freund**		die **Uhr**		das **Geld**		die **Hefte**	
Anna	ihr	Freund	ihre	Uhr	ihr	Geld	ihre	Hefte
Karl	sein	Freund	seine	Uhr	sein	Geld	seine	Hefte
ich	mein	Freund	meine	Uhr	mein	Geld	meine	Hefte
wir	unser	Freund	unsere	Uhr	unser	Geld	unsere	Hefte
du	dein	Freund	deine	Uhr	dein	Geld	deine	Hefte
ihr	euer	Freund	eure	Uhr	euer	Geld	eure	Hefte
Sie	Ihr	Freund	Ihre	Uhr	Ihr	Geld	Ihre	Hefte

25 Setze die besitzanzeigenden Fürwörter (Pronomen) ein!

<u>Ich</u> habe einen Papagei.   Das ist   _mein_   Papagei.

<u>Er</u> hat ein neues Segelboot.   Das ist   _sein_   Segelboot.

<u>Du</u> hast ein Sparbuch.   Das ist   _dein_   Sparbuch.

<u>Wir</u> haben eine Hütte.   Das ist   _unsere_   Hütte.

<u>Sie</u> hat einen Hamster.   Das ist   _ihr_   Hamster.

<u>Sie</u> haben viele Bücher.   Das sind   _ihre_   Bücher.

<u>Anita</u> hat ein Fotoalbum.   Das ist   _ihr_   Fotoalbum.

<u>Ihr</u> habt schöne Blumen.   Das sind   _eure_   Blumen.

<u>Paul</u> hat ein Motorrad.   Das ist   _sein_   Motorrad.

<u>Wir</u> haben bunte Farbstifte.   Das sind   _unsere_   Farbstifte.

   © Brigg Pädagogik Verlag, Augsburg

26 Welche besitzanzeigenden Fürwörter (Pronomen) musst du einsetzen?

Das ist	mein	Taschenrechner.	(ich)
Das ist		Geschenk.	(du)
Das ist		Halskette.	(sie)
Das sind		Pinsel.	(wir)
Das ist		Kamera.	(er)
Das sind		Hefte.	(ihr)
Das ist		Radiergummi.	(es)
Das sind		Gläser.	(wir)
Das ist		Zeitung.	(Sie)
Das ist		Brille.	(ich)

27 Suche die Fehler und schreibe den Text richtig ins Heft!

Mein Freund Udo

Udo wohnt in Weiden. Seine Mutter heißt Christa Berger. Sie arbeitet in einem Büro. Seine Vater heißt Willi Berger. Udo hat drei Geschwister. Andrea und Gabi sind sein Schwestern. Sein Bruder heißt Robert. Udos Vater hat noch Eltern. Das sind sein Großeltern. Sein Oma ist siebzig Jahre alt. Seine Opa ist schon achtzig. Udo wohnt mit seinen Eltern und Großeltern in einem großen Haus.

5 **26** Welche besitzanzeigenden Fürwörter (Pronomen) musst du einsetzen?

Das ist	mein	Taschenrechner.	(ich)
Das ist	dein	Geschenk.	(du)
Das ist	ihre	Halskette.	(sie)
Das sind	unsere	Pinsel.	(wir)
Das ist	seine	Kamera.	(er)
Das sind	eure	Hefte.	(ihr)
Das ist	sein	Radiergummi.	(es)
Das sind	unsere	Gläser.	(wir)
Das ist	Ihre	Zeitung.	(Sie)
Das ist	meine	Brille.	(ich)

27 Suche die Fehler und schreibe den Text richtig ins Heft!

Mein Freund Udo

Udo wohnt in Weiden. Sein^e Mutter heißt Christa Berger. Sie arbeitet in einem Büro. Seine Vater heißt Willi Berger. Udo hat drei Geschwister. Andrea und Gabi sind sein^e Schwestern. Sein Bruder heißt Robert. Udos Vater hat noch Eltern. Das sind sein^e Großeltern. Sein^e Oma ist siebzig Jahre alt. Seine Opa ist schon achtzig. Udo wohnt mit seinen Eltern und Großeltern in einem großen Haus.

    © Brigg Pädagogik Verlag, Augsburg

28 Wem gehören diese Dinge?

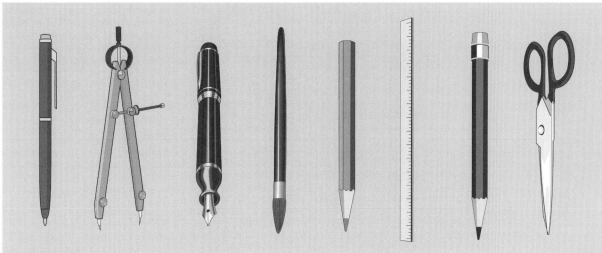

Monika:

Das ist ihr Kugelschreiber. Das ist ihr Zirkel. Das ist

Hans:

du:

wir:

28 Wem gehören diese Dinge?

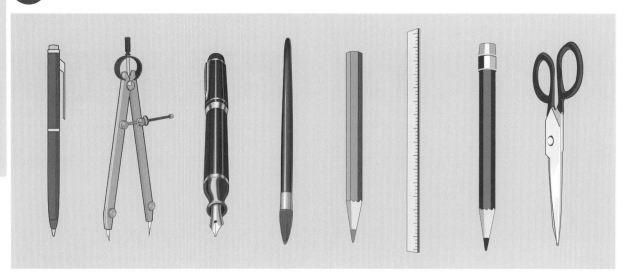

Monika:

Das ist ihr Kugelschreiber. Das ist ihr Zirkel. Das ist

ihr Füller. Das ist ihr Pinsel. Das ist ihr Farbstift. Das ist

ihr Lineal. Das ist ihr Bleistift. Das ist ihre Schere.

Hans:

Das ist sein Kugelschreiber. Das ist sein Zirkel. Das ist sein Füller.

Das ist sein Pinsel. Das ist sein Farbstift. Das ist sein Lineal.

Das ist sein Bleistift. Das ist seine Schere.

du:

Das ist dein Kugelschreiber. Das ist dein Zirkel. Das ist dein Füller.

Das ist dein Pinsel. Das ist dein Farbstift. Das ist dein Lineal.

Das ist dein Bleistift. Das ist deine Schere.

wir:

Das ist unser Kugelschreiber. Das ist unser Zirkel. Das ist unser Füller.

Das ist unser Pinsel. Das ist unser Farbstift. Das ist unser Lineal.

Das ist unser Bleistift. Das ist unsere Schere.

    © Brigg Pädagogik Verlag, Augsburg

Merke!

Unbestimmte **Fürwörter (Pronomen)** stehen für
nicht genau bezeichnete **Personen** oder **Dinge**.

man	alle	es
jemand	beide	etwas
niemand	einige	nichts
jeder, jede, jedes	mancher	keiner ...

Wer oder **was**?

Alle	sind neu in der Klasse.
Jeder	möchte Deutsch lernen.
Manche	können schon lesen.
Einige	schreiben gut.
Keiner	macht Fehler.
Man	liest im Buch.
Niemand	kennt die Geschichte.
Jemand	kommt in die Klasse.
Etwas	fällt auf den Boden.
Es	läutet.

29 Kannst du unbestimmte Fürwörter (Pronomen) finden?

	isst gerne Pizza.
Ich möchte	trinken.
	sitzen im Bus.
	hat sein Geld gestohlen.
	läutet an der Tür.
	ist zu Hause.

Hast du	gegessen?
Er hat	gelernt.
	sind nicht in der Schule.
Kennt	ihre Adresse?
	essen zu viel.
	stimmt nicht.

Merke!

5

Unbestimmte **Fürwörter (Pronomen)** stehen für nicht genau bezeichnete **Personen** oder **Dinge**.

man	alle	es
jemand	beide	etwas
niemand	einige	nichts
jeder, jede, jedes	mancher	keiner ...

Wer oder **was**?

Alle	sind neu in der Klasse.
Jeder	möchte Deutsch lernen.
Manche	können schon lesen.
Einige	schreiben gut.
Keiner	macht Fehler.
Man	liest im Buch.
Niemand	kennt die Geschichte.
Jemand	kommt in die Klasse.
Etwas	fällt auf den Boden.
Es	läutet.

29 Kannst du unbestimmte Fürwörter (Pronomen) finden? *

Jeder	isst gerne Pizza.
Ich möchte etwas	trinken.
Manche	sitzen im Bus.
Man	hat sein Geld gestohlen.
Jemand	läutet an der Tür.
Niemand	ist zu Hause.

Hast du etwas	gegessen?
Er hat nichts	gelernt.
Einige	sind nicht in der Schule.
Kennt jemand	ihre Adresse?
Manche	essen zu viel.
Etwas	stimmt nicht.

 © Brigg Pädagogik Verlag, Augsburg

BRIGG Pädagogik **VERLAG**

Der neue Pädagogik-Fachverlag für Lehrer/-innen

 BRIGG Pädagogik **VERLAG**

Abwechslungsreiche Kopiervorlagen für Deutsch!

Magret Pinter

Die deutsche Grammatik

Grundbausteine für differenzierten Deutschunterricht

Band 2
232 S., DIN A4,
Kopiervorlagen mit Lösungen
Best.-Nr. 268

Inhalt Band 2:
Die Zeiten, Nominativ und Genitiv,
Dativ, Akkusativ, Satzarten

Band 1 und Band 2 dieses Werks
umfassen das grammatikalische
Basiswissen der Grundschule.
Sprachstrukturen werden durch die
klare, leicht verständliche Darstel-
lung Schritt für Schritt aufgebaut
und mittels vielfältiger Übungen
gefestigt. Dank hoher Differenzierung besonders für Kinder mit
nichtdeutscher Muttersprache
und mit sonderpädagogischem
Förderbedarf sehr gut geeignet.
Die Arbeitsblätter ermöglichen auch
offene Lernformen und Freiarbeit.

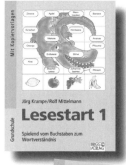

Jörg Krampe / Rolf Mittelmann

Lesestart 1

**Spielend vom Buchstaben
zum Wortverständnis**

86 S., DIN A4,
40 Kopiervorlagen mit Lösungen
Best.-Nr. 256

Lesestart 2

**Spielend vom Wort
zum Satzverständnis**

88 S., DIN A4,
40 Kopiervorlagen mit Lösungen
Best.-Nr. 257

Kopiervorlagen mit Lösungen zur Selbstkontrolle!

Spielerisch, handlungsorientiert, nachhaltig wirksam: Die Bände enthalten
je 40 Lesespiele zum Erlesen und Verstehen sinnvoller Wörter und Sätze.
Die Spiele sind so angelegt, dass von Anfang an eine Selbstkontrolle
möglich ist. Dadurch eignen sie sich unabhängig von jedem Leselehrgang
nicht nur für den normalen Unterricht, etwa für innere Differenzierung in
Übungsphasen, sondern besonders auch für den Förderunterricht, die
Wochenplanarbeit, zum selbstständigen Lesetraining und in Vertretungs-
stunden. Sehr gut einsetzbar auch für die Förderung entwicklungsbenach-
teiligter Kinder.

Franz Xaver Riedl / Alfons Schweiggert

Bilder lesen, Texte schreiben

Bildergeschichten zum kreativen Schreiben

3./4. Klasse
88 S., DIN A4,
mit Kopiervorlagen
Best.-Nr. 265

Vom genauen Betrachten zur kreativen Schreibleistung! Das Lesen
von Bildern und Fotos regt die Kinder zur Selbsttätigkeit an und schult
die Fähigkeit des sicheren Beurteilens. Die Arbeitsblätter wecken die
Erzähllust und lassen in Einzel-, Gruppenarbeit oder im Klassenverband
individuelle Schreibideen entstehen. Die Themen sind je nach individu-
ellem Leistungsstand unabhängig einsetzbar.

Bestellcoupon

Ja, bitte senden Sie mir / uns mit Rechnung

_____ Expl. Best-Nr. _____

_____ Expl. Best-Nr. _____

_____ Expl. Best-Nr. _____

_____ Expl. Best-Nr. _____

Meine Anschrift lautet:

_____
Name / Vorname

_____
Straße

_____
PLZ / Ort

_____
E-Mail

_____
Datum/Unterschrift   Telefon (für Rückfragen)

Bitte kopieren und einsenden/faxen an:

**Brigg Pädagogik Verlag GmbH
zu Hd. Herrn Franz-Josef Büchler
Zusamstr. 5
86165 Augsburg**

☐ Ja, bitte schicken Sie mir Ihren Gesamtkatalog zu.

Bequem bestellen per Telefon / Fax:
Tel.: 0821 / 45 54 94-17
Fax: 0821 / 45 54 94-19
Online: www.brigg-paedagogik.de

BRIGG Pädagogik VERLAG Der neue Pädagogik-Fachverlag für Lehrer/-innen **BRIGG Pädagogik VERLAG**

Pfiffige Unterrichtsideen für Deutsch und Englisch!

Harald Watzke / Peter Seuffert / Oswald Watzke

Sagen in der Grundschule

Anregungen für die Praxis in der 3. und 4. Klasse

104 S., DIN A4,
mit Kopiervorlagen
Best.-Nr. 278

In 28 illustrierten Sagentexten begegnen die Kinder berühmten Sagengestalten wie z. B. dem Klabautermann, Rübezahl oder den Heinzelmännchen und entdecken magische Sagenorte. Mit Neuansätzen eines handlungs- und produktionsorientierten Textumgangs, Anregungen zum Vorlesen, zum Selberschreiben und zum Inszenieren von Sagen. Ohne großen Aufwand direkt im Unterricht einsetzbar!

Nina Hellwig

Mit Montessori Legasthenie behandeln

Montessori-Pädagogik für die Arbeit mit legasthenen Kindern

72 S., DIN A4,
mit Kopiervorlagen
Best.-Nr. 266

In diesem Praxisbuch erfahren Sie von einer erfahrenen Legasthenietrainerin, wie Montessori-Materialien LRS-Kinder dabei unterstützen, das Lesen und Schreiben als positiv zu erfahren. Viele praktische Übungen zum Lernen mit allen Sinnen machen die Schüler/-innen sicherer im Schreiben und vermitteln ihnen hilfreiche Strategien zur Fehlervermeidung. Mit einem wichtigen Kapitel zu den Aufgaben eines Legasthenietrainers.

Astrid Pfeffer

My English ABC in rhymes

für die 3. / 4. Klasse

36 S., DIN A4,
mit Kopiervorlagen
Best.-Nr. 270

Mit diesem Buch lernen die Kinder spielerisch das englische ABC. Jedem Buchstaben ist ein typisches englisches Wort und ein dazu passender vierzeiliger Reim zugeordnet. Die Reime prägen sich den Kindern leicht ein und machen sie mit dem Klang der englischen Sprache vertraut. Im Anschluss an das ABC finden Sie lebendige Anregungen für den Einsatz der Reime im Unterricht. Sie lassen sich zehn Themengebieten zuordnen, die in den verschiedenen Lehrplänen enthalten sind.

Astrid Pfeffer

English Fun Stories and Raps

Read and rap your way into English

Mit Audio-CD

48 S., DIN A4,
mit Kopiervorlagen
Best.-Nr. 271

Zehn Geschichten und 14 Raps, mit denen das Englischlernen richtig Spaß macht! Die Geschichten entsprechen den Lehrplanthemen und sind in der Form eines Minibuches aufgebaut. So erhalten die Kinder nach und nach eine kleine Englisch-Bibliothek. Hervorragend geeignet zum lauten Vorlesen, Abschreiben und Nachspielen. Die rhythmisch gesprochenen Dialoge helfen beim Einprägen typischer englischer Ausdrücke und Sätze. Die Geschichten und Raps werden auf der Audio-CD mitgeliefert.

Bestellcoupon

Ja, bitte senden Sie mir / uns mit Rechnung

_____Expl. Best-Nr. _____

_____Expl. Best-Nr. _____

_____Expl. Best-Nr. _____

_____Expl. Best-Nr. _____

Meine Anschrift lautet:

_____
Name / Vorname

_____
Straße

_____
PLZ / Ort

_____
E-Mail

_____
Datum/Unterschrift   Telefon (für Rückfragen)

Bitte kopieren und einsenden/faxen an:

**Brigg Pädagogik Verlag GmbH
zu Hd. Herrn Franz-Josef Büchler
Zusamstr. 5
86165 Augsburg**

☐ Ja, bitte schicken Sie mir Ihren Gesamtkatalog zu.

Bequem bestellen per Telefon / Fax:
Tel.: 0821 / 45 54 94-17
Fax: 0821 / 45 54 94-19
Online: www.brigg-paedagogik.de